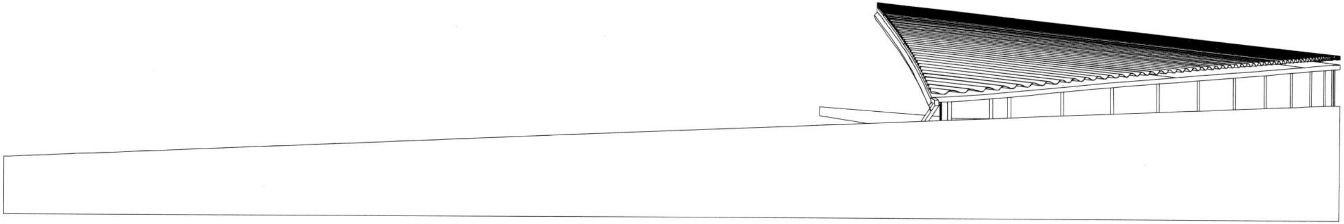

letture di architettura

giuseppe vaccaro
asilo a piacenza
1953-1962

enrico ansaloni

letture di architettura
collana diretta da mario ferrari

volumi pubblicati:
1. adalberto libera, casa malaparte a capri, 1938-1942.
2. giuseppe vaccaro, asilo a piacenza, 1953-1962.
3. luigi moretti, casa delle armi nel foro mussolini, 1936-1938.

in preparazione:
4. giuseppe e alberto samonà, teatro a sciacca, 1974-2004
5. saverio muratori, sede ex enpas, bologna, 1956-1957

prima edizione: aprile 2010. tiratura 700 copie

© copyright 2010, ILIOS editore, Bari
tutti i diritti riservati
la proprietà intellettuale dei testi è dell'autore.

ISBN 978-88-903456-1-6

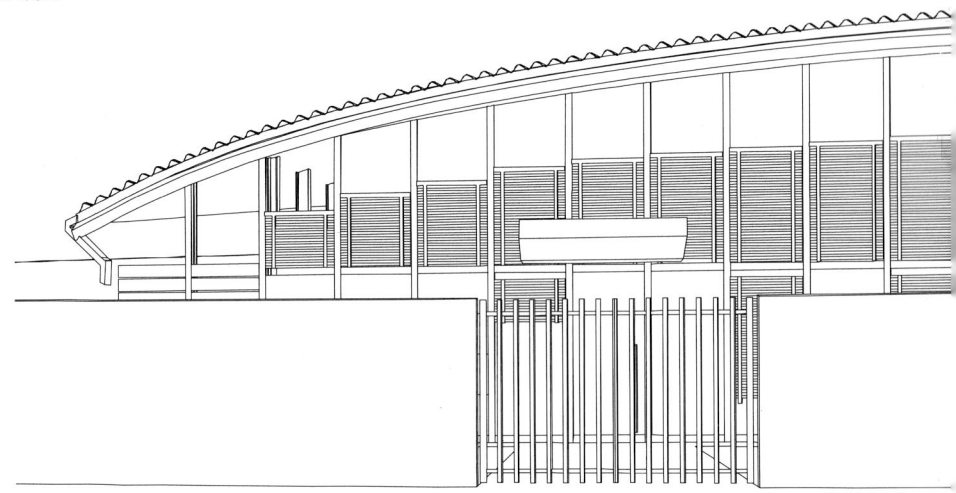

indice:

centripeto vs centrifugo. *mario ferrari* 5

premessa 9

l'architetto 12

il committente 14

le versioni e le variazioni del progetto 17

ipotesi sui riferimenti 35

azioni dentro l'architettura 37

lettura formale dell'asilo 41

l'asilo oggi 55

quadro cronologico degli eventi 57

fonti iconografiche 58

fonti bibliografiche 59

english text 61

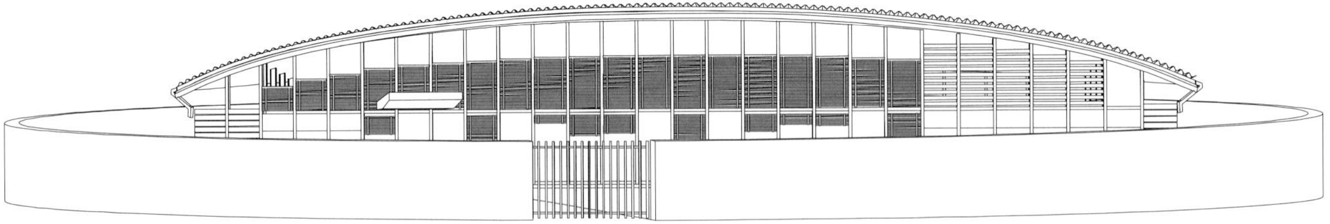

CENTRIPETO vs CENTRIFUGO
Due esperimenti moderni di giuseppe vaccaro

Un'opera poetica, particolare e poco nota è l'oggetto di questo studio. Si tratta di un piccolo asilo progettato da Giuseppe Vaccaro all'interno nell'Unità Galleana, quartiere Ina-casa a Piacenza. La scelta è motivata dall'assoluta particolarità della ricerca dell'architetto bolognese già espressa nel progetto coevo per la chiesa del Cuore Immacolato di Maria nel quartiere Borgo Panigale a Bologna; in entrambe i casi si tratta di edifici progettati tra il 1953 ed il 1960 all'interno di quartieri popolari.

In questo arco temporale Vaccaro sembra interessato alla sperimentazione intorno al tema della circolarità o, meglio, della pianta centrale: la forma dominante è la circonferenza. Il rapporto che s'instaura tra il segno geometrico e la tipologia, oltre ad essere di particolare interesse, consente - al pari di un esperimento scientifico - di individuare e studiare le frange di interferenza tra il segno ed il tipo architettonico.

Facciamo un esempio: se nell'asilo il segno si esprime sotto forma di recinto la cui regolarità - messa in discussione dalla "corda" che ritaglia il volume funzionale - esprime un senso "centrifugo" nel viale che lo penetra; nella chiesa esso si esprime attraverso la declinazione della circonferenza nelle sue diverse nature: perimetro e cupola.

Il primo, cieco e muto, conduce alla seconda, leggera e luminosa. Si tratta evidentemente di un processo inverso al precedente, ovvero centripeto, che avvicina notevolmente questo modello alla tipologia ideale a pianta centrale.

Approfondire lo studio del piccolo asilo (che precede il progetto per la chiesa), costituisce il passo necessario che porta dalla semplice cronaca del progetto allo studio approfondito della sua composizione. Qui emergono dati di grande interesse: dal rapporto con la geometria alle varianti costruttive sino al doloroso capitolo del "restauro del moderno" che ci ha restuito un architettura priva di quegli elementi "dinamici" necessari ad esprimere la componente centripeta di questa piccola opera.

Si pensi a quanto danno ha prodotto la demolizione della pensilina che, marcando l'asse pedonale che compenetrava inesorabilmente il perimetro, connetteva la facciata al sistema del quartiere o alla aggressione delle tramezzature che hanno annullato la levità della copertura parabolica oppure alla costruzione di una recinzione metallica che ha annullato l'inclinazione dinamica del muro perimetrale.

La gravità delle ferite emerge paragonando l'edificio odierno al modello architettonico originario qui pazientemente ricostruito da Ansaloni che, nel descrivere cartesianamente l'oggetto, ne racconta le armonie, i ritmi e le deroghe.

Osservando oggi l'edificio nel contesto della contemporaneità spicca chiaro il programma dell'architetto: la costruzione di un luogo con il minor numero di elementi compositivi: una circonferenza, una corda ed un piano ricurvo. All'enigmatico recinto, immerso nel verde, è demandato il compito di isolare, creando una "radura" di laugeriana memoria. *Cabane rustique* della modernità l'asilo colloca l'opera di Vaccaro nel solco della migliore tradizione architettonica. La sorpresa più grande nasce da un paradosso: visti oggi, i disegni di Vaccaro non sorprendono. Il piccolo schizzo assonometrico, in fregio ad una tavola di progetto del 1953, appare contemporaneo. La freschezza in esso contenuta sembra ricondurlo ad altri contesti architettonici: viene in mente un progetto di Hertzberger o di Koolhaas. Invece no, si tratta del pensiero di un architetto italiano che cinquant'anni fa, come molti dei suoi coetanei, dopo l'avventura negli anni difficili del fascismo, ha intrapreso direzioni diverse e, ancor'oggi, poco note.

mario ferrari

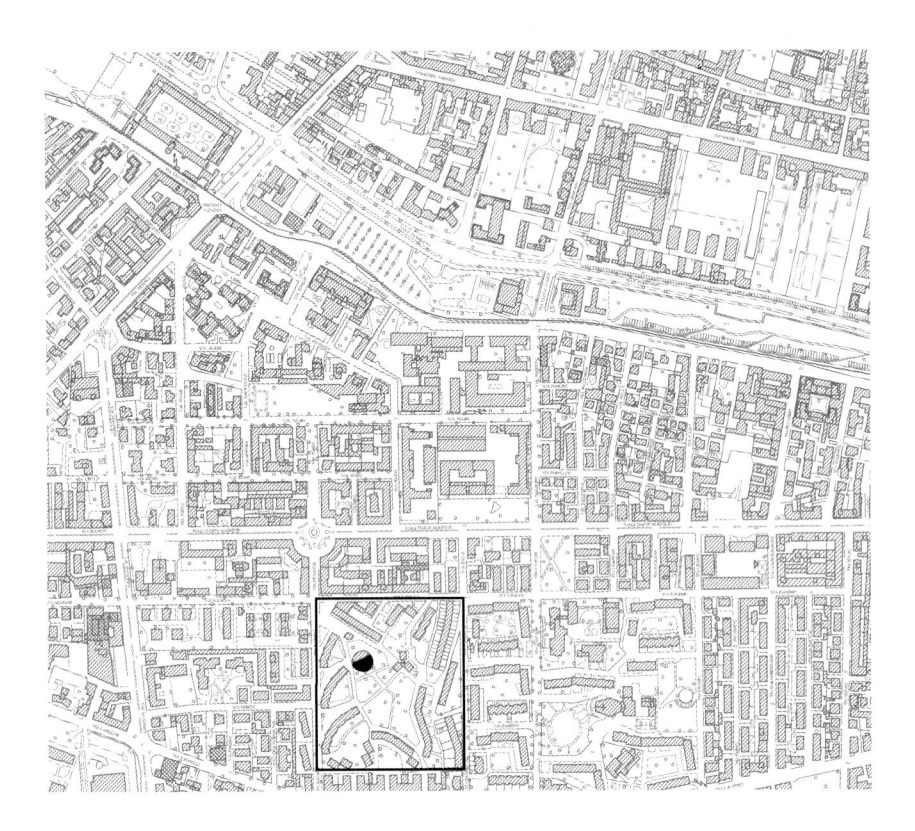

fig. 1. Individuazione dell'intervento residenziale Ina-Casa «Galleana» in rapporto alla città di Piacenza

PREMESSA

Non vi sono dubbi che il progetto relativo all'asilo inserito a servizio del quariere INA-Casa «Unità Galleana»[1] a Piacenza sia dell'architetto Giuseppe Vaccaro. I numerosi disegni autografi che troverete nel volume sono la testimonianza più viva sia dell'abilità nell'arte del disegno da parte dell'architetto bolognese, sia della facilità con la quale lo stesso riesce a pensare un edificio.

Come spesso accade per gli architetti più produttivi, possiamo fare riferimento a differenti versioni

fig.2 Fotografia del plastico di studio dell'intervento residenziale INA-CASA «Galleana» a Piacenza (1953). Nella parte bassa, si riconoscono i tre edifici progettati da Vaccaro: la linea, l'edificio a sei piani su *pilotis* e in mezzo l'asilo circolare.

fig.3 Aerofoto dell'area (2007) che mette in evidenza la stretta attinenza tra il progetto di Vaccaro e gli edifici effettivamente realizzati. Al centro, ormai sovrastata dagli alberi, si intravede la copertura dell'asilo.

1. Dalla fine degli anni Cinquanta il nome dell'insediamento residenziale diventa quartiere "Belvedere"

dell'opera. Compito di chi scrive sarà dunque provare a riordinare cronologicamente il materiale pervenuto (in parte senza data) per ripercorrere i momenti fondamentali della progettazione e della costruzione dell'asilo che, come buona parte del lavoro di uno dei maestri dell'architettura italiana del movimento moderno, è rimasto troppo tempo sotto silenzio.[2]
Inizialmente la scarsa disponibilità di fonti indirette - solo poche riviste dell'epoca si sono occupate del progetto anche a causa, come vedremo in seguito, della forte dilazione tra la data di presentazione dello stesso progetto al Comune e quella d'inizio dei lavori - non sembravano facilitare il compito. Grazie però al prezioso aiuto della figlia Carolina Vaccaro e dell'Ordine degli Architetti del Comune di Piacenza, si è potuto dare avvio a questa opera di ricostruzione filologica.

Una volta catalogato il materiale, si è passati al confronto: nella fase progettuale sono emerse due versioni della pianta e tre versioni della facciata principale, che sono diventate quattro con quella realizzata.

Sebbene di alcuni disegni non si abbia una datazione certa, ricostruire l'evoluzione del lavoro non è stato un compito troppo arduo. Solo in un'ipotesi, infatti, l'altezza dell'asilo risulta differente dalle altre (maggiorata di 50 cm); essendo questa versione associabile direttamente a una delle due piante, anche la verifica planimetrica è risultata abbastanza agevole.

Nella primissima idea progettuale il muro di tamponatura esterna dei servizi è in muratura intonacata (colore giallo) e si estende fino alla copertura. In quella che è poi risultata essere la seconda versione l'altezza dell'edificio si riduce, così come quella del muro descritto in precedenza. Il resto del materiale, ottenuto dalle successive consegne all'Ufficio tecnico del Comune, ha reso l'operazione di sutura finale decisamente più lineare.

L'unico dubbio che permane è relativo al grande lasso di tempo che intercorre tra la data d'approvazione del progetto da parte del Comune e l'inizio dei lavori di costruzione - conclusi nel 1961 - presumibilmente a causa della gara d'appalto per l'affidamento dei lavori andata deserta.

2. Grazie al numero monografico di "Edilizia popolare" curato da U. Cao nel 1996 è iniziata la riscoperta di Giuseppe Vaccaro quale importante figura nel panorama italiano del movimento moderno.

L'ARCHITETTO

Giuseppe Vaccaro nasce a Bologna il 31 maggio del 1896. Dopo una formazione classica, consegue prima il diploma presso il Regio Istituto di Belle Arti nel 1916 poi la laurea in architettura alla Regia Scuola di Ingegneria nel 1920, ambedue nel capoluogo emiliano e col massimo dei voti. Trasferitosi a Roma su invito di Marcello Piacentini presso il quale lavora negli anni 1922-23, riesce ad affermarsi in alcuni dei più importanti concorsi del periodo - anche grazie alla stima che nutre per lui l'architetto romano: risulta vincitore della Piazza della Balduina a Roma (1923) e dei monumenti ai Caduti di Bologna e San Giovanni in Persiceto (1924-25, in commissione Piacentini).[3] Di grande spessore è il riconoscimento ottenuto a seguito della partecipazione al concorso internazionale per il Palazzo della Società delle Nazioni a Ginevra (1926-27). Dello stesso anno la vittoria ex-aequo con il gruppo capeggiato da Piacentini al concorso per il palazzo del Ministero delle Corporazioni a Roma. Da questo momento in poi i rapporti tra Vaccaro e Piacentini subiscono un'irreparabile frattura, mai più ricomposta, anche in conseguenza dell'adesione di Vaccaro dal 1931 a un linguaggio decisamente "moderno"[4]. In mezzo gli importanti progetti per le Poste di Napoli (1928-29) e il primo progetto per la nuova sede della Facoltà di Ingegneria di Bologna (1929). Nel frattempo matura appieno una propria autonoma ricerca che gli permette, anche grazie alla parentela con Umberto Puppini[5], di imporsi prima nel progetto definitivo della Facoltà di Ingegneria di Bologna (1931-35) e poi nell'insuperabile Colonia marina dell'Agip a Cesenatico (1936-38). Dopo aver tentato più volte

fig.4 Giuseppe Vaccaro in una foto degli anni '50

senza riuscirci la carriera accademica come professore di Architettura Tecnica (ultimo concorso nel 1938 con Piacentini in commissione), entra a far parte lui stesso sia di commissioni per importanti concorsi, sia in qualità di delegato sindacale, a testimonianza dell'importanza del ruolo rivestito in quegli anni nel panorama architettonico italiano. Il periodo pre-bellico è segnato dallo stretto legame che instaura sia con Mario De Renzi che con Adalberto Libera, con i quali lavora a studi tipologici di grande interesse. Solo Libera rappresenta per l'architetto bolognese l'antipolo perfetto con il quale confrontarsi sui temi dell'abitazione: alla "completa fusione spirituale"[6] tra i due si possono ascrivere i saggi *Per un metodo dell'esame del problema della casa* (1943)[7] e *Tecnica funzionale e distributiva dell'alloggio* (1946); sono dello stesso periodo le importanti realizzazioni del dopo-guerra in ambito urbanistico e sul piano della ricostruzione strettamente legati alle problematiche abitative. Dopo un quinquennio passato a Bologna, nel 1951 fa ritorno a Roma, dove concentra la sua attenzione sulla progettazione dei quartieri INA-CASA: Borgo Panigale a Bologna (1951-55), Piacenza (1953-55) e Ponte Mammolo a Roma (1957-62), oltre grande progetto Cep di Via della Barca (1957-62), sempre nel capoluogo emiliano. Anche i servizi annessi alle residenze risultano di estremo interesse: si pensi alla Chiesa del Cuore Immacolato di Maria per Borgo Panigale (1955-62) e all'asilo di Piacenza (1952-55). Ultime importanti opere sono la Chiesa di San Giovanni Bosco a Bologna (1958-67) e San Gregorio Barbarigo a Roma, conclusa dopo la sua morte avvenuta nel 1970.

3. Per una migliore comprensione dei rapporti tra Vaccaro e Piacentini vedasi, Vaccaro C. «Apparati» in Mulazzani M.(a cura di), Giuseppe Vaccaro, Electa, Milano 2002, p 257.

4. *Ibidem*.

5. Come scrive Vaccaro C. «Apparati» in Mulazzani M.(a cura di), Giuseppe Vaccaro, Electa, Milano 2002, in nota 2, p 261 e poi riportato anche in Casciato M., Gresleri G. (a cura di), Giuseppe Vaccaro - Architetture per Bologna, Compositori, Bologna 2006.

6. G. Polin, G. Marzari (acura di), *Adalberto Libera - Opera completa*, Electa - Mart, Milano-Trento, p.174.

7. A. Libera , G. Vaccaro, Per un metodo dell'esame del problema della casa , in «Architettura Italiana», n.5-6, maggio-giugno 1943, pp.37-45

IL COMMITTENTE

Trattandosi di servizi relativi a un comparto di edilizia residenziale pubblica, possiamo intendere quale committente l'INA-Casa di Piacenza nella persona dell'allora suo Presidente l'Avv. Agostino Labati. Sotto la sua direzione difatti, come ricorda Fabrizio Schiaffonati, dal punto di vista della storia dell'architettura balzano agli occhi progetti, urbanistici e architettonici, di grande valenza sia funzionale che morfologica, nonché figure di primo piano, quali quelle di Giuseppe Vaccaro e Vico Magistretti[8].

Parlando in più generale, per gestione INA-Casa si intende l'amministrazione di fondi statali da parte di un'apposita organizzazione facente capo all'Istituto Nazionale delle Assicurazioni (INA), nata nell'immediato secondo dopoguerra con il fine sia di realizzare quartieri di edilizia pubblica per le famiglie a basso reddito su tutto il territorio italiano che contemporaneamente arginare il dilagante tasso di disoccupazione che affligge l'Italia in quegli anni. Di provvedimenti per incrementare l'occupazione operaia, agevolando la costruzione di case per i lavoratori parla infatti la legge n. 43 approvata dal Parlamento il 28 febbraio 1949 o Piano Fanfani (come viene poi denominata), dal nome dell'allora Ministro del lavoro e della previdenza sociale, Amintore Fanfani.

Già nell'estate dello stesso anno viene tempestivamente inaugurato il primo dei numerosi cantieri che fanno dell'Ina-Casa, una macchina molto efficiente: di fatto negli iniziali sette anni di vita vengono investiti 334 miliardi di lire per la costruzione di 735.000 vani corrispondenti a 147.000 allog-

fig.5 Esempio di targa policroma posta sugli edifici a seguito dell'emissione dei certificati di collaudo. Il disegno è un motivo a quadri (cm 22x26) tra i numerosi dipinti dall'artista Pietro De Laurentiis.

gi. In tutto, alla fine del secondo settennio, i vani realizzati saranno circa 2.000.000, pari a 355.000 abitazioni.

Alcuni tra i più impegnati architetti dell'epoca - Ignazio Gardella, Saverio Muratori, Ludovico Quaroni, Mario Ridolfi, Michele Valori, Carlo Aymonino, Franco Albini, lo studio B.B.P.R., Mario De Renzi, Adalberto Libera, Figini e Pollini – prendono parte alla progettazione dei quartieri popolari sorti in tutta la penisola mettendo in campo una varietà sorprendente di tipi edilizi: torri, linee e schiere. In particolare il programma e la gestione dell'INA-Casa sono affidati ad Arnaldo Foschini, la cui azione alla presidenza dell'ente, come sottolinea Manfredo Tafuri, si rivela decisiva: nel volume Storia dell'architettura italiana 1994-1985 il critico romano ritiene che nell'opera di Foschini è determinante un'ideologia paternalista che si salda al riscatto degli etimi popolari rivendicato dal neorealismo[9]. Questa espressione indica la vocazione architettonica dell'Italia del dopoguerra che unisce in maniera indissolubile la tradizione all'industrializzazione in una sorta di esegesi di alcuni temi propri del razionalismo, incentrata sulla conformità degli aspetti di natura costruttiva e formale (coerenza compositiva dei materiali e opportune valutazioni estetico-tecnologiche) con le interpretazioni delle problematiche sociologiche e psicologiche dell'ambiente costruito e dello spazio architettonico esistente e storico[10].

8. F.Schiaffonati, introduzione al testo F. Achilli, D. Fantini, V. Poli, C. Raschiani "Popolare la città - 100 anni di case popolari a Piacenza", Maggioli Rimini 2009. Il libro contiene una lettura puntuale degli interventi INA-Casa a Piacenza nel secolo scorso.

9. Per approfondire il giudizio espresso da Tafuri su Foschini e sul Piano INA-Casa cfr. M. Tafuri, "Storia dell'architettura italiana 1994-1985", Einaudi, Torino 2002, pp. 22 - 27 e oltre e nota n. 27 p. 23.

10. Per meglio capire le problematiche generali legate alle realizzazioni dei piani INA-Casa, sulle quali questo volume non si prefigge di indagare, si rimanda tra gli altri a: R. Vittorini, R. Capomolla (a cura di), "L'Architettura INA Casa (1949-1963) - Aspetti e problemi di conservazione e recupero", Gangemi Roma 2003; M. Guccione, M. M. Segarra Lagunes, R. Vittorini (a cura di) "Guida ai quartieri romani INA casa", Gangemi Roma 2002; la voce "INA-Casa" su www.wikipedia.it e al sito www.parc.beniculturali.it/ita/approfondimenti/ina_casa.

fig. 6 Fotografia dell'asilo dopo l'apertura (1962), nel contesto dell'intervento residenziale INA-CASA «Galleana» a Piacenza.

Nell'osservare e analizzare i disegni originali prodotti da Giuseppe Vaccaro per l'asilo di Piacenza, si può ritrovare un esempio concreto del concetto espresso da Franco Purini, secondo cui «il disegno è pensiero esso stesso, anzi è la forma-pensiero fondamentale dell'architetto, il luogo elettivo nel quale la forma appare nella sua essenza più pura e durevole»[11].

Nelle splendide tavole qui di seguito riportate, risulta evidente infatti, il manifestarsi del pensiero formale sotto forma di disegno, quale suo esclusivo luogo di esistenza. E nel presentarsi quale aspetto fondamentale per l'architetto, riesce a realizzare un simulacro dell'edifico mantenendo inalterato il rapporto che va intrattenendo con l'edifico stesso, basato sia sull'autoreferenzialità in quanto oggetto reale, sia sul piano della prefigurazione, quale anticipazione di un oggetto reale ancora da costruirsi. Appare quindi giustificato affermare che questa essenza mistica che pervade l'intera serie di disegni di Vaccaro per l'asilo di Piacenza, ne mantenga intatta ancor oggi la potenza evocativa.

Analizzando nel concreto l'iter che ha portato alla costruzione dell'edifico, emerge come tra la data ufficiale in cui viene affidato il lavoro di progettazione a Vaccaro e la data in cui lo IACP di Piacenza istituisce la pratica n. 20037 relativa al progetto esecutivo per la «costruzione di Asilo Nido a Piacenza» - completo di capitolato speciale d'appalto ed elenco prezzi unitari - passano più di tre anni (1953-1956).

Saranno invece cinque gli anni che dovranno aspettare gli abitanti del

LE VERSIONI E LE VARIAZIONI DEL PROGETTO

11. F. Purini, Una lezione sul disegno - Come si agisce/Dentro l'architettura, in F. Cervellini, R. Partenope (a cura di), "Una lezione sul disegno", Gangemi, Roma 1996, p. 33.

quartiere per vedere finalmente avviate le attività della nuova scuola materna.
Nel primo di questi intermezzi temporali, si possono riconoscere in maniera inequivocabile più versioni relative allo stesso progetto: due inerenti lo sviluppo in pianta, tre addirittura per la facciata principale (esclusa quella dell'edificio realizzato). Le variazioni essenziali in ambito planimetrico riguardano il passaggio da una pianta debitrice di un certo grado di simmetria nella larghezza delle due aule - entrambe di 37,5 mq - a una svincolata da logiche simmetriche, in cui le aule misurano rispettivamente 37 e 34 mq.

Nell'impostazione di partenza risulta evidente come l'ingresso sia leggermente arretrato rispetto alla facciata principale che genera un angolo retto con la pensilina qui di forma trapezoidale.
Relativamente alla facciata principale, dopo una prima versione in cui i servizi vengono nascosti da un corpo aggettante rispetto alla vetrata d'ingresso, nelle successive ipotesi progettuali sia la schermatura dei bagni che quella che copre i locali di servizio tendono progressivamente ad arretrare verso la vetrata stessa.
La pensilina a copertura dell'accesso all'asilo subisce una rotazione attestandosi sulla linea della direttrice che si forma nel collegamento tra il cancello del muro perimetrale esterno e l'ingresso all'edificio; il che comporta anche un considerevole cambiamento di forma (da trapezio isoscele a parallelogramma obliquo). Infine, nella zona esterna rimane una sola seduta e lo spazio giochi per i bambini viene portato all'essenziale, semplificando il proprio tracciato.
E' così che Laura Abbagano riassume l'ultima versione del progetto nel 1956:

«*In definitiva l'edifico consiste in un muretto perimetrale circolare di altezza crescente dall'ingresso al dorso, e in una copertura parziale a superficie cilindrica ellittica, la cui struttura portante è in carpenteria di ferro poggiante su montanti anch'essi in ferro. Il tetto risulta a pendenza costante. Lo spazio coperto e quello scoperto sono separati da una vetrata a telai in ferro apribili e muniti di tende alla veneziana. I divisori interni fra le aule sono costruiti da pannelli di masonite tamburati alti 2 metri in modo da lasciare inalterata la continuità della percezione della copertura. I servizi igienici sono mascherati all'esterno da un muretto di pietra e all'interno isolati fino al soffitto con una parte vetrata nella parte alta. Lo spazio esterno è organizzato come spazio giochi per i bambini».*[12]

12. L. Abbagnano, Unità di abitazione a Piacenza, in «L'Architettura - Cronache e storia», n. 12, pp. 406, 1956.

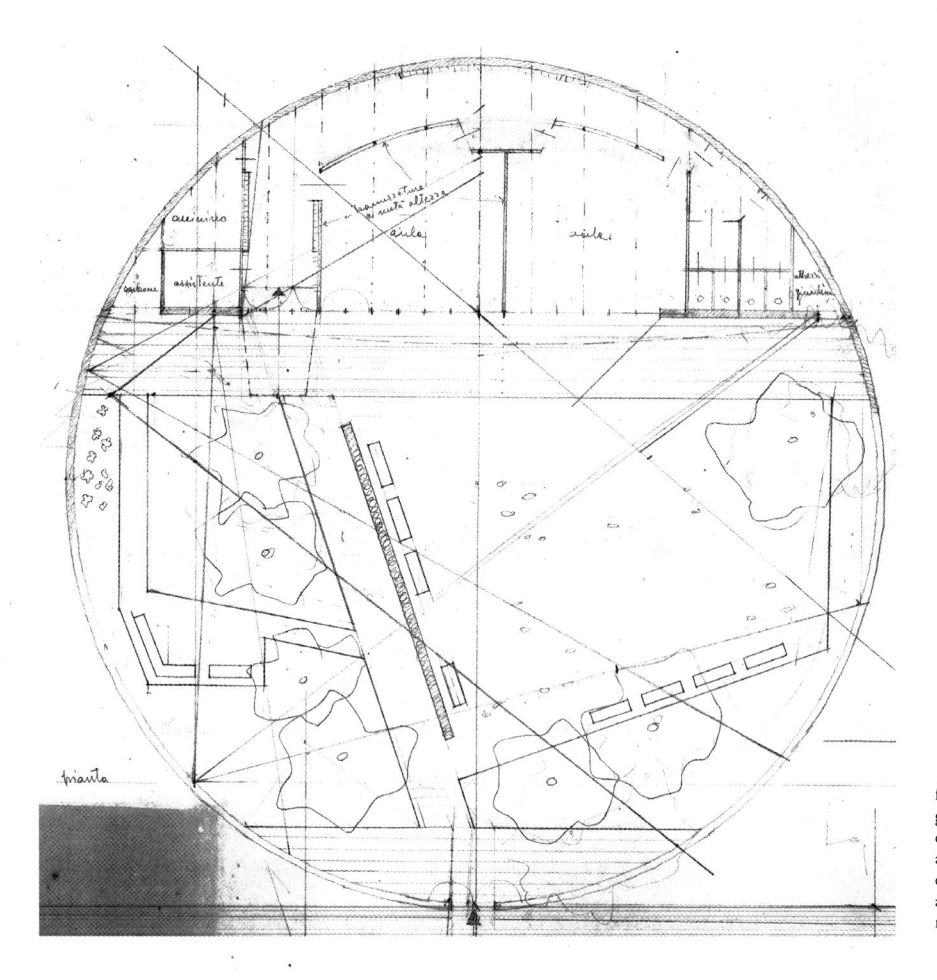

fig. 7. Disegno autografo della prima versione del progetto (1953). La pianta presenta nelle aule un elemento di simmetria. La pensilina ha direzione perpendicolare alla facciata. L'ingresso è arretrato rispetto al filomuro esterno della vetrata, mentre i locali di servizio sono in aggetto. Il giardino è costruito secondo una geometria molto razionale che influenza anche l'arredo.

letture d'architettura: asilo a piacenza

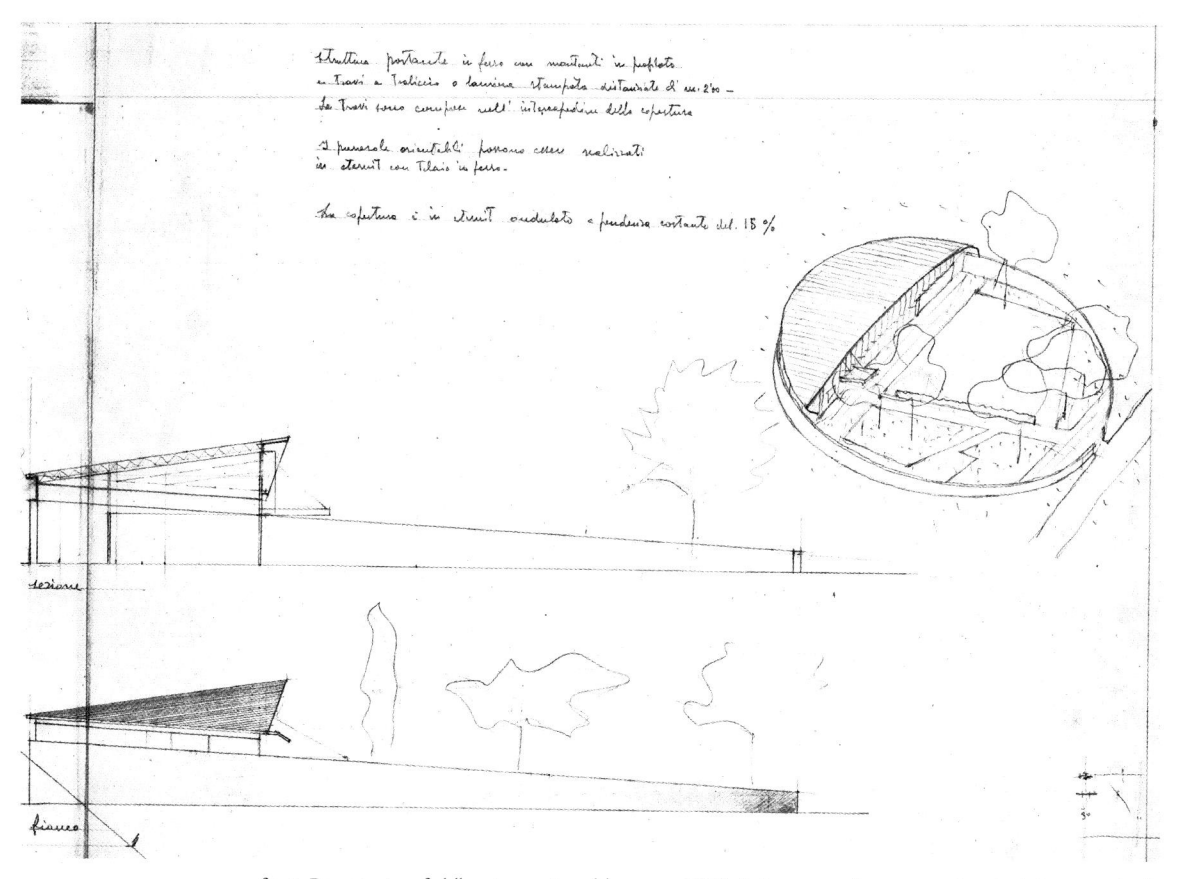

fig. 8. Disegni autografi della prima versione del progetto (1953). Sezione trasversale e prospetto laterale. A fianco un piccolo schizzo assonometrico dell'asilo con accanto un'ipotesi di Vaccaro sulla spesa per la costruzione dell'asilo.

21

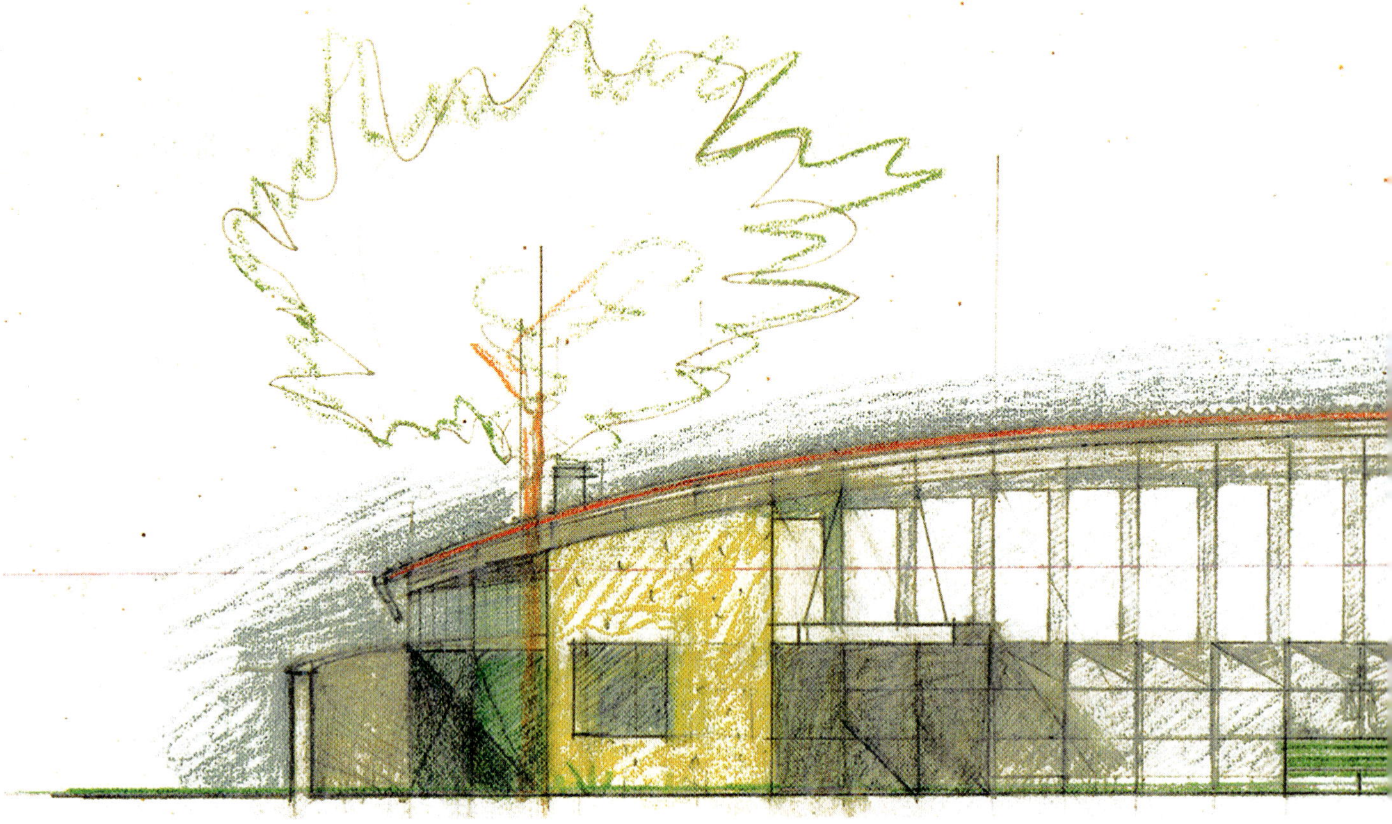

letture d'architettura: asilo a piacenza

fig. 9. Disegno autografo della prima versione del progetto (1953). L'asilo presenta un'altezza maggiore rispetto alle successive varianti del progetto. La parete di chiusura degli ambienti di servizio è in muratura intonacata (colore giallo), si estende fino alla copertura ed è provvista di un'apertura quadrata. Anche i bagni disposti sul lato opposto hanno tamponatura in laterizio intonacato (colore bianco).

23

enrico ansaloni

fig. 10. Disegno autografo della seconda versione del progetto (1953). L'asilo si attesta all'altezza definitiva di 4,2 m. La parete di chiusura degli ambienti di servizio rimane in muratura intonacata (colore giallo), ma non si estende più fino alla copertura, dando vita a un elemento quadrato sporgente. L'apertura ora rettangolare viene spostata verso destra. I bagni presentano analoga tamponatura rispetto alla versione precedente, ma sono sovrastati da elementi schermanti inclinati e fissi. Tutta la facciata è oscurabile tramite frangisole mobili. La pensilina all'ingresso subisce una rotazione che le fa cambiare forma. Rimane solamente una panchina.

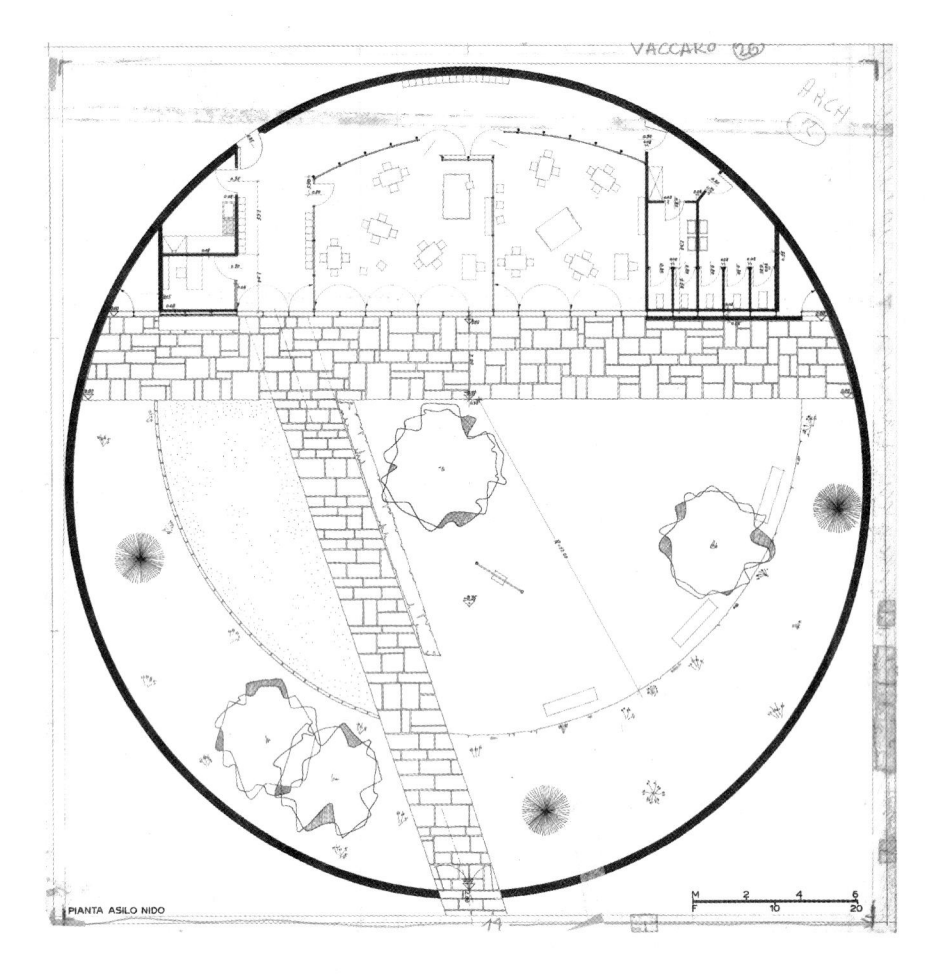

fig.11. Disegno autografo della versione definitiva del progetto (1954). La pianta perde la simmetria nella divisione interna delle aule. La pensilina segue la direzione del passaggio pedonale che porta all'esterno del recinto. L'ingresso si riallinea con la facciata, mentre la parete in muratura dei bagni continua a essere in leggero aggetto rispetto al filomuro esterno. Il giardino, così come l'arredo, segue la forma curva del recinto.

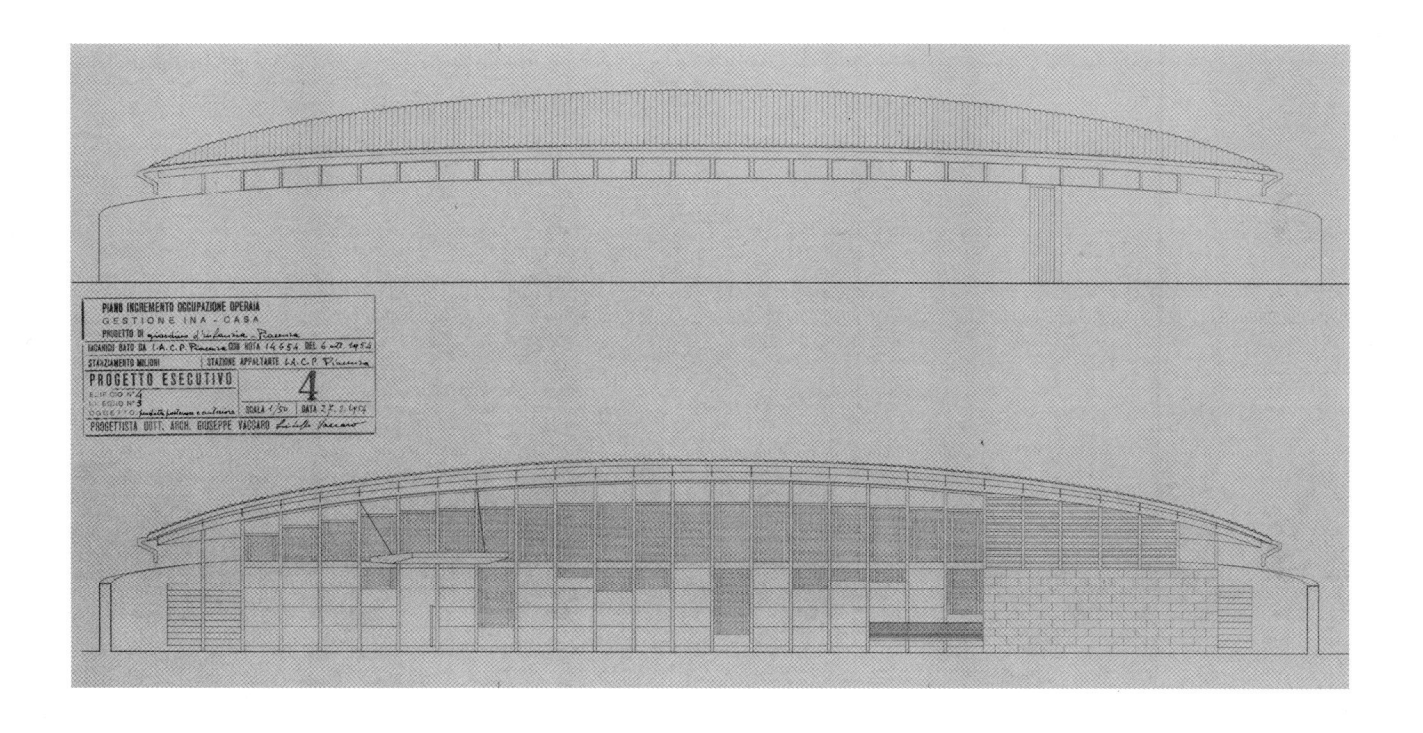

fig. 12. Disegni autografi della versione definitiva del progetto (1954). In alto il prospetto posteriore. Sotto, il prospetto principale: si nota come i servizi si uniformino al resto della facciata e come sulla parte destra la tamponatura dei bagni venga lasciata in blocchi di muratura a vista.

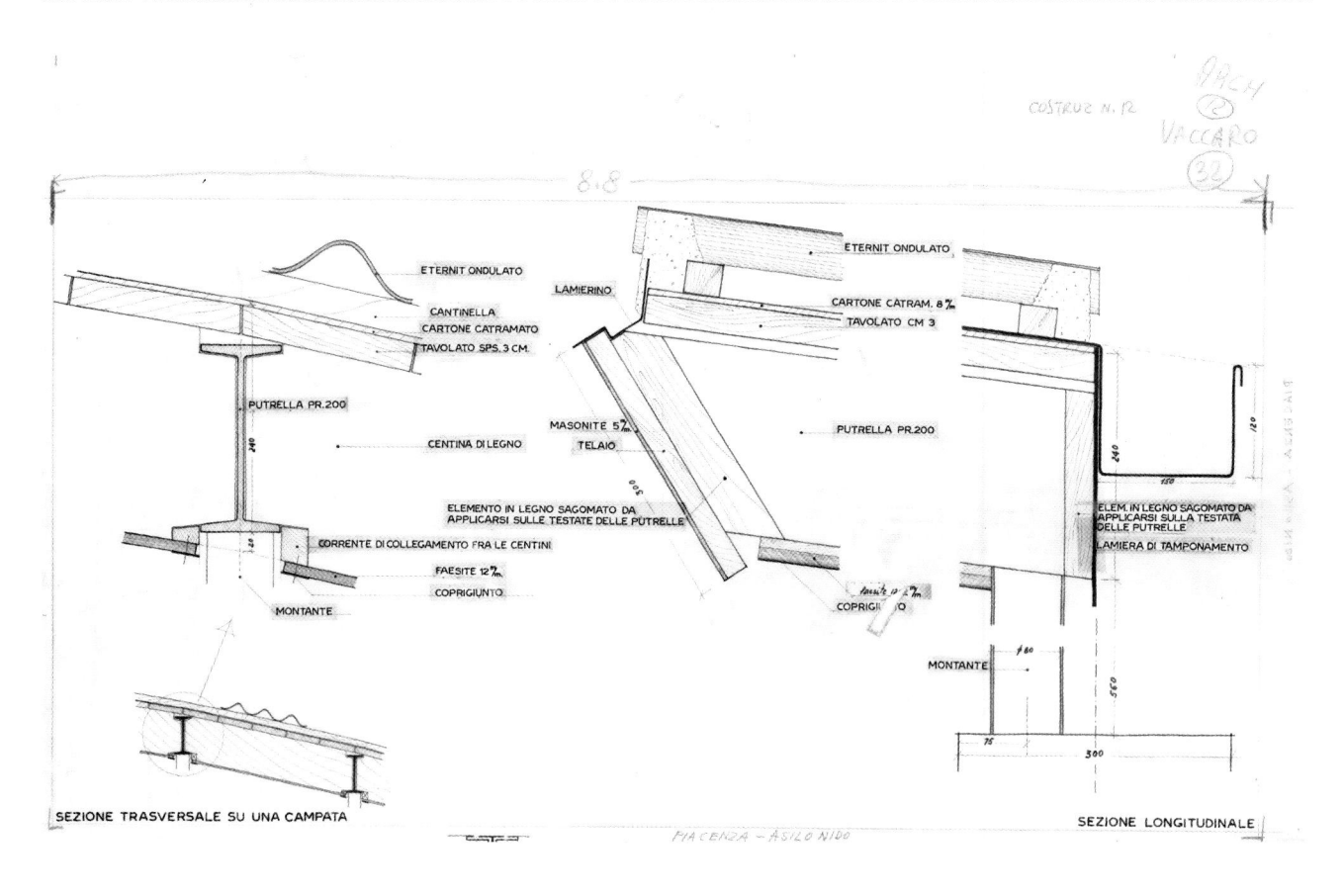

fig. 13. Disegno autografo dei particolari costruttivi dell'asilo (allegati alla pratica n.20037 del 9 settembre 1956). Sezioni della copertura realizzata mediante tecnica mista acciaio-legno..

letture d'architettura: asilo a piacenza

fig. 14. Foto dell'edificio in costruzione (inverno 1960-1961). Prospetto principale.

fig. 15. Foto dell'edificio in costruzione (inverno 1960-1961). Prospetto posteriore.

29

enrico ansaloni

fig. 16. Fotografia dell'edificio a costruzione conclusa (1961). Vista dall'alto dalla quale si apprezza l'allineamento della pensilina d'ingresso con il percorso d'accesso e il cancello.

fig. 17. Fotografia dell'edificio a costruzione conclusa (1961). Vista d'insieme dell'asilo nel complesso residenziale. Di sfondo gli edifici a tre piani con andamento spiraliforme.

fig. 18. Fotografia dell'edificio dopo l'apertura (1962). Vista d'insieme dell'asilo nel complesso residenziale. Sullo sfondo l'edificio in linea, anch'esso progettato da Vaccaro.

fig. 19. Fotografia dell'edificio dopo l'apertura (1962). Vista del viale pedonale che collega il cancello d'entrata alla pensilina a sbalzo posta sul fronte principale.

fig. 20. Fotografia dell'edificio dopo l'apertura (1962). Particolare del fronte principale: in evidenza l'imponente sbalzo della pensilina.

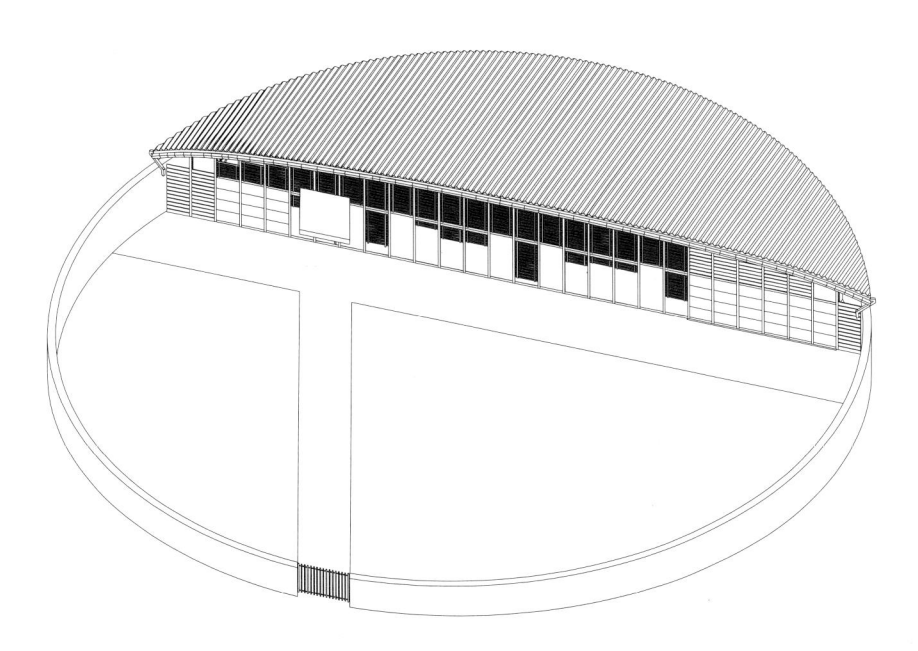

fig. 21. Vista assonometrica della ricostruzione dell'asilo.

IPOTESI SUI RIFERIMENTI

E' nella pratica del recintare che si può ascrivere l'operazione compositiva che ha spinto Giuseppe Vaccaro a dare la forma circolare all'asilo progettato per il quartiere INA-casa «Unità Galleana» di Piacenza della prima metà degli anni Cinquanta.

Recintare, circoscrivere, delimitare non per isolare, confinare, ghettizzare la libertà dei piccoli fruitori non ancora minacciati dal traffico cittadino dell'Italia appena uscita dalla guerra, ma per dare un senso compiuto all'idea di gioia nella socializzazione dell'infanzia.

Quello che appare come un rituale sacro - il glorificare e l'esaltare in

35

un recinto «liturgico» la felicità d'imparare stando assieme - sfuma nei contorni di una funzione «religiosa pagana».

E' proprio nell'architettura greca che si potrbbe trovare un riferimento per un edificio di queste fattezze: il tempio a pianta rotonda. In uno spazio cultuale delimitato da una serie colonne (monoptero) - filtro tra l'area sacra e lo spazio pubblico - si trova la cella, luogo divino che custodisce i simboli e i tesori della divinità a cui è dedicato, nonché rappresentazione dell'universo. E il richiamo al tempio classico non finisce qui: nell'ibridazione della soluzione a pianta circolare con quella a pianta rettangolare sta la brillantezza dell'operazione di Vaccaro.

E' infatti nella parte opposta all'ingresso, in posizione centrale che si trova il fulcro di tutta l'architettura.

Ripensando quindi lo spazio destinato all'educazione, all'apprendimento e alla socializzazione dei bambini attraverso un'interpretazione soggettiva del tipo sacro derivante dalla classicità, l'architetto bolognese traccia con un gesto forte, ma primordiale il recinto all'interno del quale perimetrare il giardino della scuola dell'infanzia. La sua parte nevralgica viene poi pensata attraverso un'ulteriore delimitazione - questa volta mediante un segmento circolare - contenente due aule, la stanza del personale, i servizi igienici e una piccola cucina.

Infine, a copertura dell'edificio, viene utilizzata una superficie cilindrica ellittica che ne accentua l'idea di movimento; anch'essa riferibile alla chiusura dei templi circolari greci, è presumibilmente usata come riferimento per la copertura nervata della chiesa del Cuore Immacolato di Maria a Bologna degli stessi anni.[13]

13. E' da segnalare l'importante similitudine del progetto relativo alla chiesa del Cuore Immacolato di Maria (1955-1962) a Bologna di Vaccaro e il primo progetto per il Palazzo dei Ricevimenti e dei Congressi di Adalberto Libera del 1937.

fig. 22. Apollo di Delfi, sec. IV a.C.

Come abbiamo potuto osservare nelle pagine precedenti, pur subendo modifiche e trasformazioni sia dal punto di vista formale che altimetrico e nel trattamento delle superfici, il disegno dell'asilo, è comunque in grado di evocare l'edificio costruito con una potenza mai decrescente nelle sue differenti versioni.

Ciò è possibile grazie a poche e semplici azioni compositive che lo stesso Vaccaro ha riassunto in una «tavola» utile sia a chi si appresta alla descrizione letteraria del manufatto, sia a coloro i quali nella pratica del cantiere avrebbero dovuto dare il via al processo costruttivo. Queste operazioni «dentro l'architettura» eseguite con analitica precisione da Vaccaro, hanno altresì la chiarezza e la poesia propria di quel modello culturale appartenente ai maestri del movimento moderno, di cui l'architetto bolognese non può non far parte.

Per verificare in che modo ciò è stato possibile, si fa ricorso ad azioni corrispondenti a quelle presenti nella serie di disegni di Franco Purini esposti a Brera nel novembre del 1993 dal titolo «Come si agisce/Dentro l'architettura».[14]

Le operazioni messe in evidenza sono nell'ordine: *isolare, invertire, misurare* riferite alla pianta; *inclinare*, alla sezione e *ripetere* per il prospetto principale.

CINQUE AZIONI DENTRO L'ARCHITETTURA

isolare
invertire
misurare
inclinare
ripetere

---

14. In occasione della mostra ha visto la luce la pubblicazione: F. Purini, Una lezione sul disegno, (a cura di F. Cervellini, R.Partenope) Gangemi, Roma, 1994, dalla quale sono tratte le «azioni» citate alle pp. 36-37.

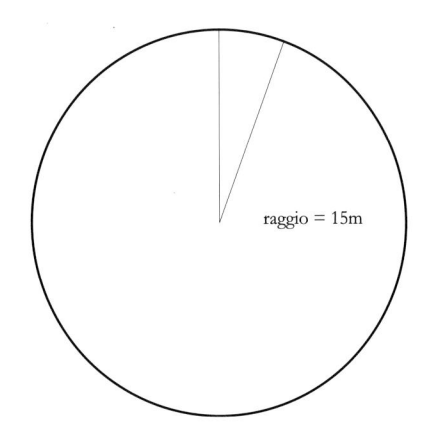

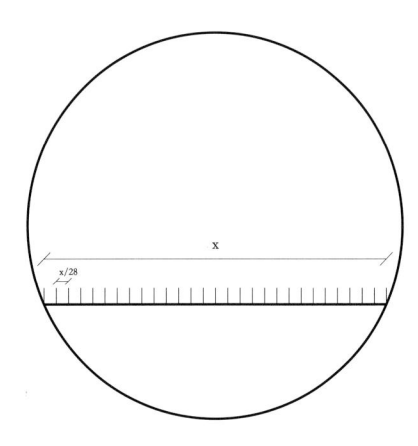

fig. 23. «*ISOLARE:*
azione attraverso la quale si determina un vuoto attorno a un elemento in modo da sovvertirne l'identità»

Attraverso il disegno del cerchio di raggio 15 m, si confina lo spazio dell'asilo.

fig. 24. «*INVERTIRE:*
ha a che fare con l'idea di serie, con la nozione di positivo-negativo, con il concetto di margine, linea dell'inversione tra interno ed esterno, pieno e vuoto, continuo e discontinuo»

Col tracciamento della corda alla distanza di 9m sul diametro della circonferenza, si ottiene un arco che, concretizzando il concetto di margine, dà vita alle coppie dialettiche esterno-interno e pieno-vuoto.

fig. 25. «*MISURARE:*
conduce alla nostra «tecnica» primaria, con la quale non è possibile misurare con la stessa cosa che va misurata».

Si palesa nella misura della corda mediante l'applicazione di un'unità di misura specifica.

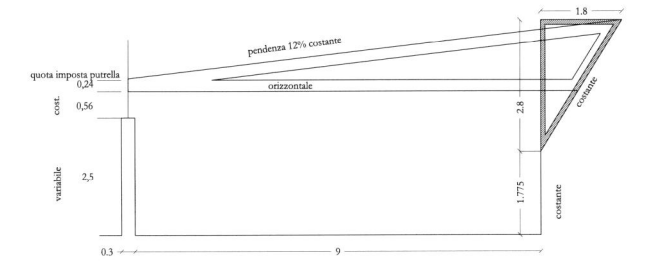

fig. 26. «INCLINARE:
significa introdurre in un sistema di forme la dinamica destabilizzante delle diagonali. Alterando la ferrea intelaiatura prospettica delle orizzontali e delle verticali si fa irrompere nella composizione l'energia divergente dell'inclinata. Lo spazio avanza e arresta simultaneamente, con avvertibile movimento».

Nella sezione, mediante l'atto del tracciamento dalla pendenza della copertura, si esplicita l'energia del movimento

fig. 27. «RIPETERE:
è alla base di qualsiasi metrica architettonica. Prevede la ripetizione a tonalità intermedia di un motivo architettonico».

Nel prospetto la ripetizione degli elementi in ferro e vetro genera una serie architettonico-teconologica.

39

enrico ansaloni

LETTURA FORMALE DELL'ASILO

I disegni che seguono sono stati redatti dall'autore, nello stile della collana, per illustrare graficamente il processo compositivo che ha condotto, attraverso le differenti versioni del progetto, alla costruzione ultimata nel 1961. Tramite comparazioni grafiche, vengono analizzate le variazioni tra le due versioni della pianta e le quattro della facciata principale.

I disegni n. 28 e n. 29 testimoniano il poco scarto esistente tra le due piante, evidenziabile nell'inclinazione e nella forma della pensilina, nella dimensione delle aule, nell'apertura posteriore che conduce alla centrale termica sotterranea e nella semplificazione dell'impostazione del giardino esterno.

I disegni n. 32 e n. 33 illustrano come la facciata principale subisca una riduzione d'altezza, così come l'elemento di tamponatura della stanza di servizio. I disegni n. 34 e 35 mostrano come i cambiamenti tra le due versioni riguardino solamente i differenti materiali utilizzati per le tamponature superficiali.

Un'analisi delle geometrie completa il lavoro di rilettura dell'opera, a ulteriore verifica di come i rapporti geometrici rimangano invariati.

E' presente infine un modello tridimensionale della versione realizzata costruito al fine di mostrare la complessa geometria della copertura.

A chiusura del paragrafo, una frase di Vaccaro sull'interpretazione formale dell'edificio:

«l'asilo-nido mi sembra un'invenzione abbastanza seducente, in quanto risolve in un gioco geometrico semplicissimo, ma non privo di una certa sottigliezza, un'idea elementare di continuità fra spazio coperto e scoperto. Rispetto alle altre costruzioni, mi sembra che l'asilo partecipi di una sensibilità più aggiornata».[15]

---

15. L. Abbagnano, Unità di abitazione a Piacenza, in «L'Architettura - Cronache e storia», n. 12, p. 406, 1956.

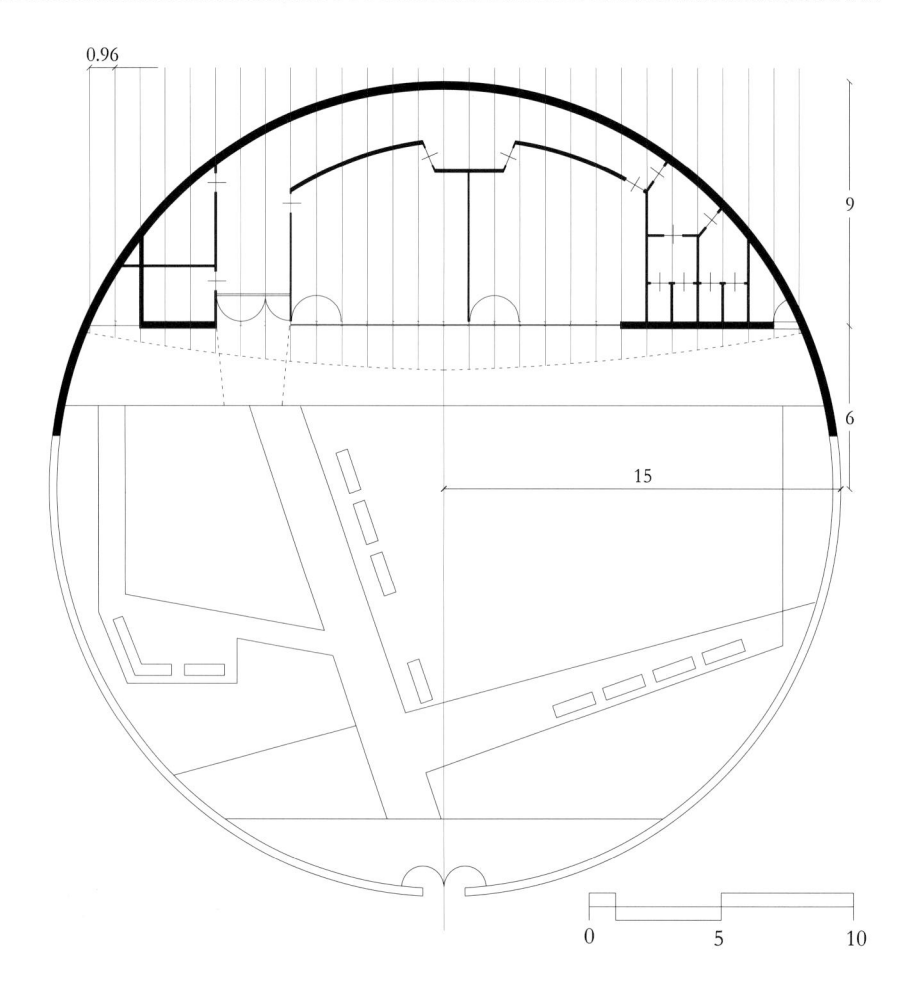

fig. 28. Lettura dimensionale della prima versione della pianta dell'edificio.

letture d'architettura: asilo a piacenza

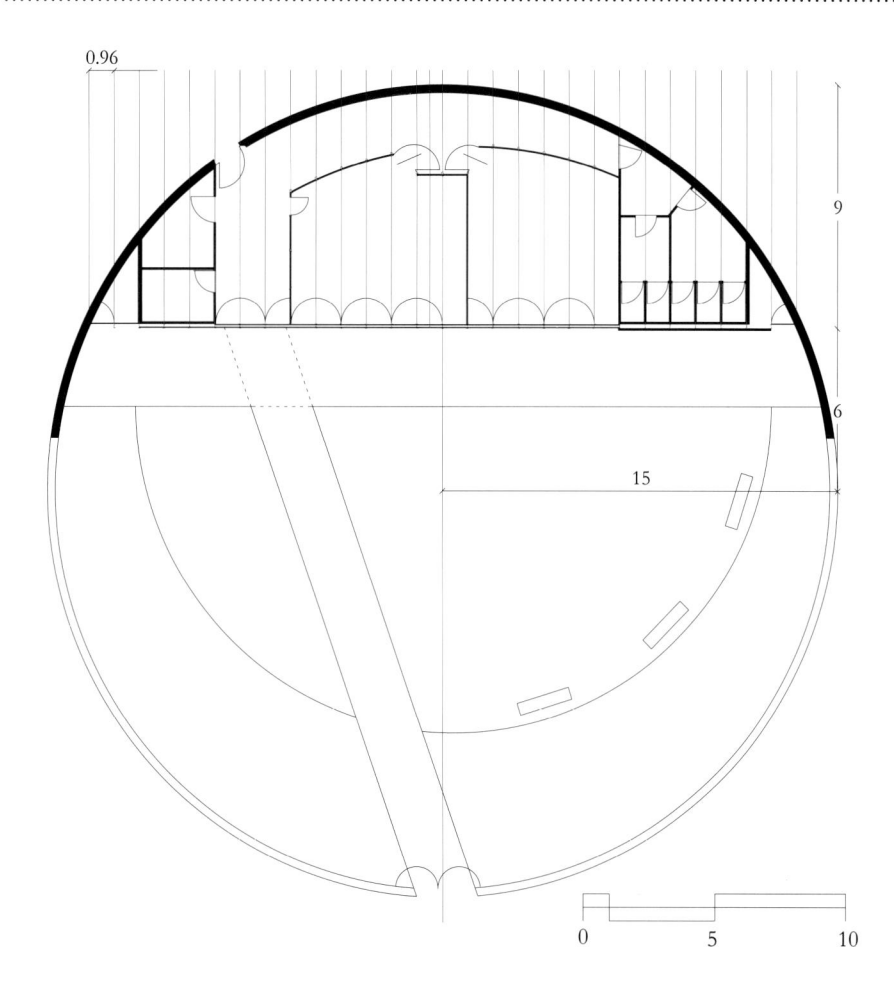

fig. 29. Lettura dimensionale della seconda versione
della pianta dell'edificio.

43

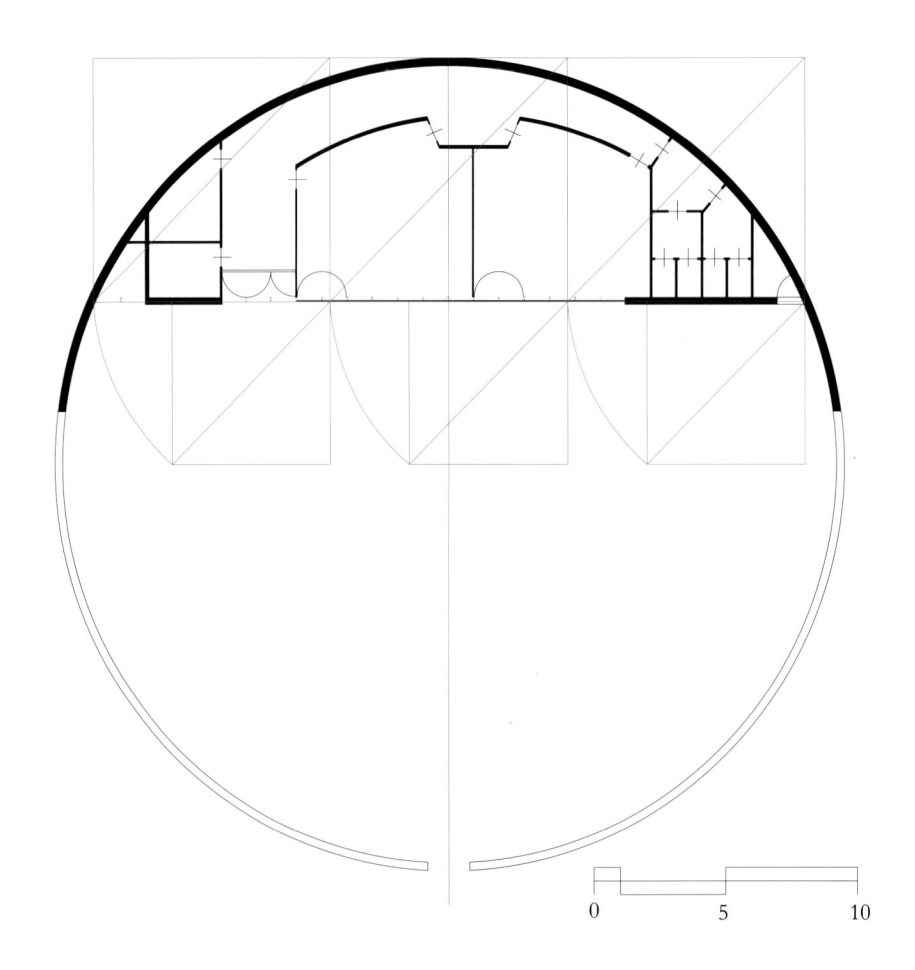

fig. 30. Lettura dei rapporti geometrici della prima versione della pianta dell'edificio.

letture d'architettura: asilo a piacenza

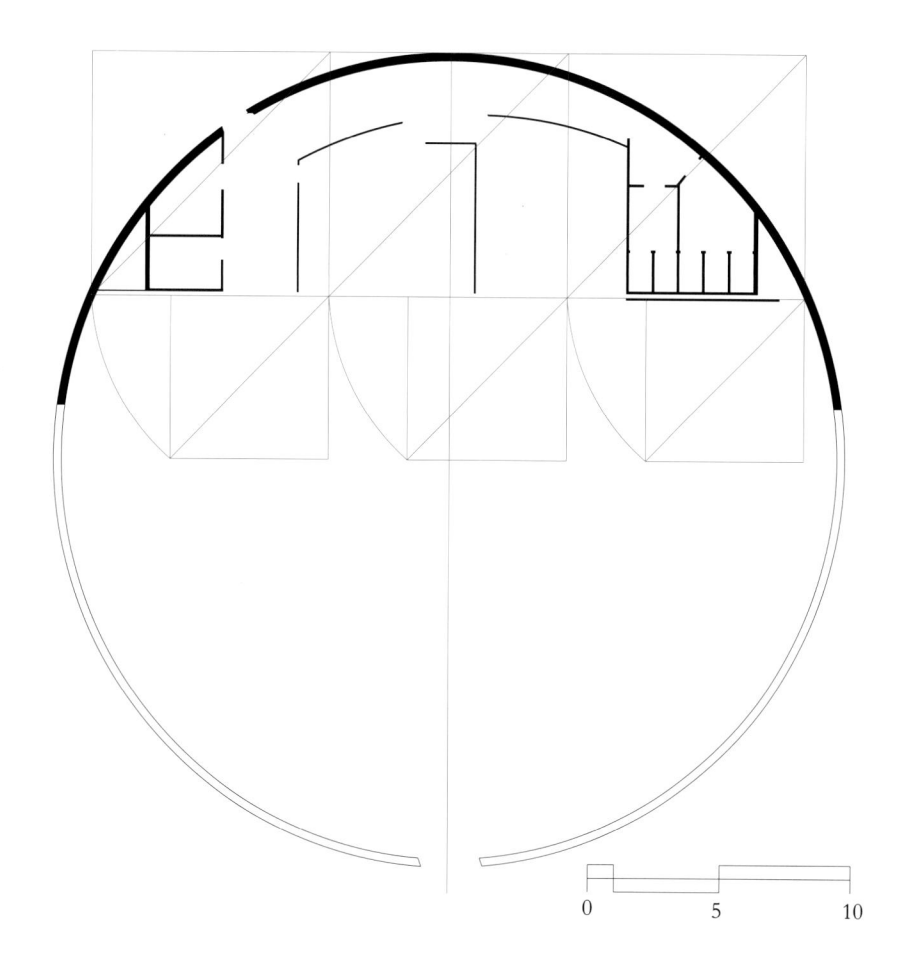

fig. 31. Lettura dei rapporti geometrici della seconda versione della pianta dell'edificio.

45

enrico ansaloni

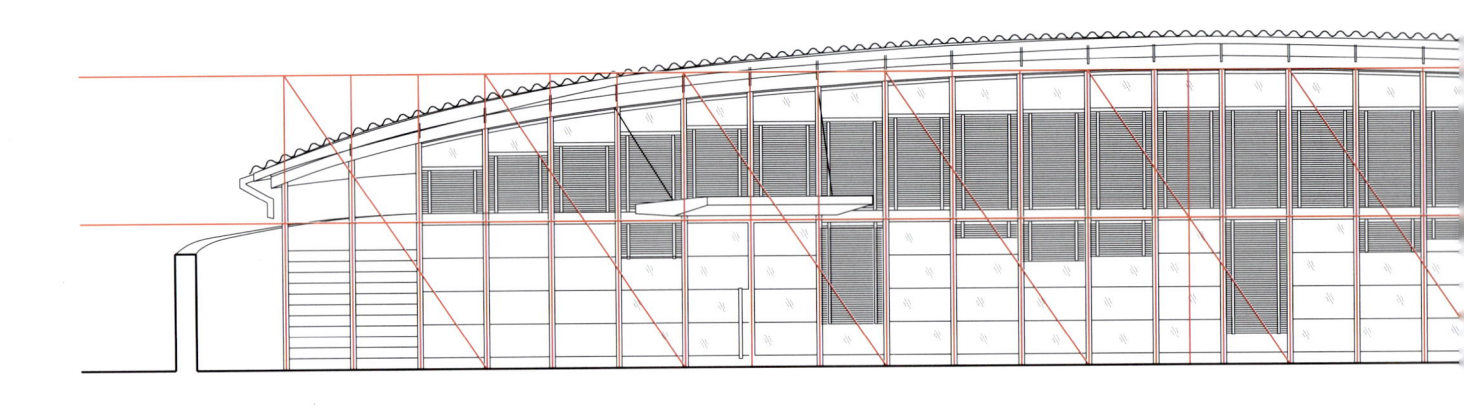

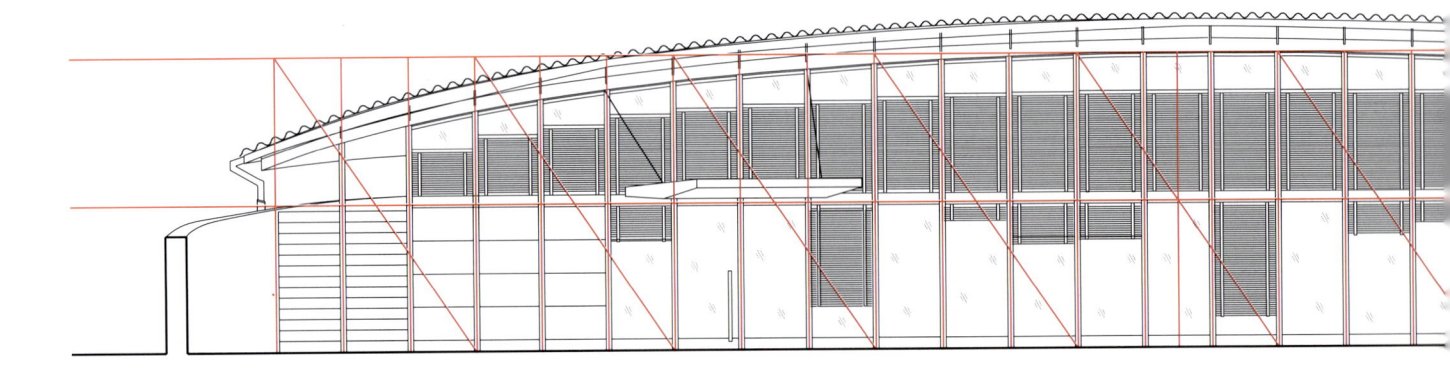

fig. 32. Lettura dei rapporti geometrici e dimensionali della prima versione della facciata principale dell'edificio.

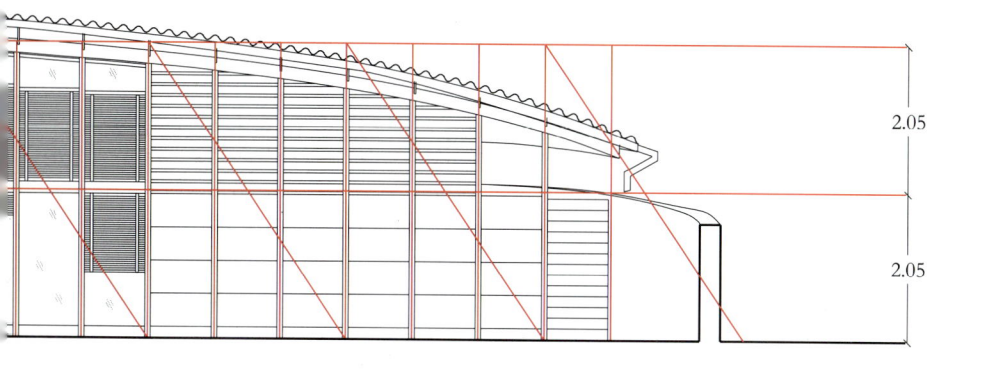

fig. 33. Lettura dei rapporti geometrici e dimensionali della seconda versione della facciata principale dell'edificio.

enrico ansaloni

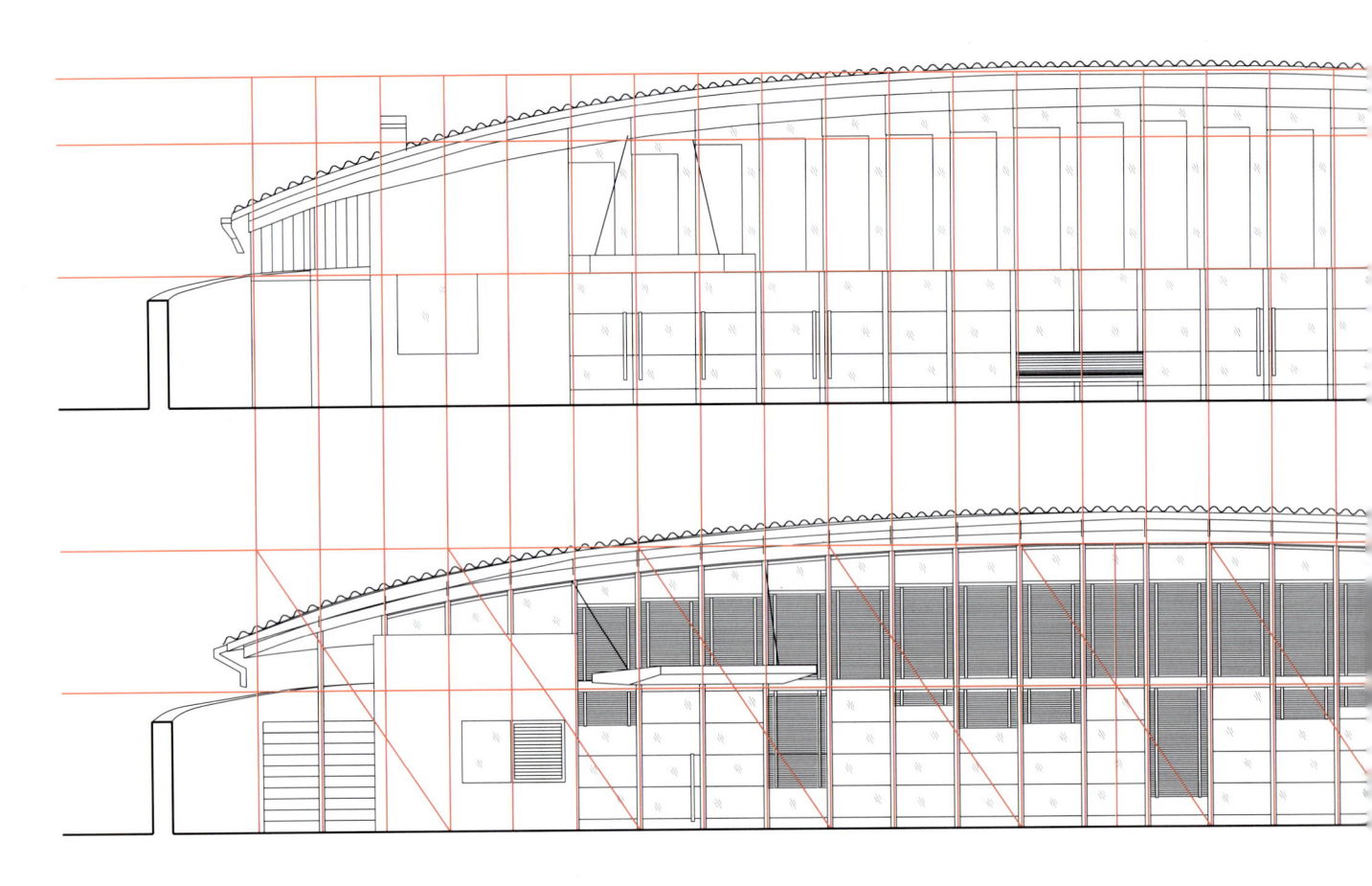

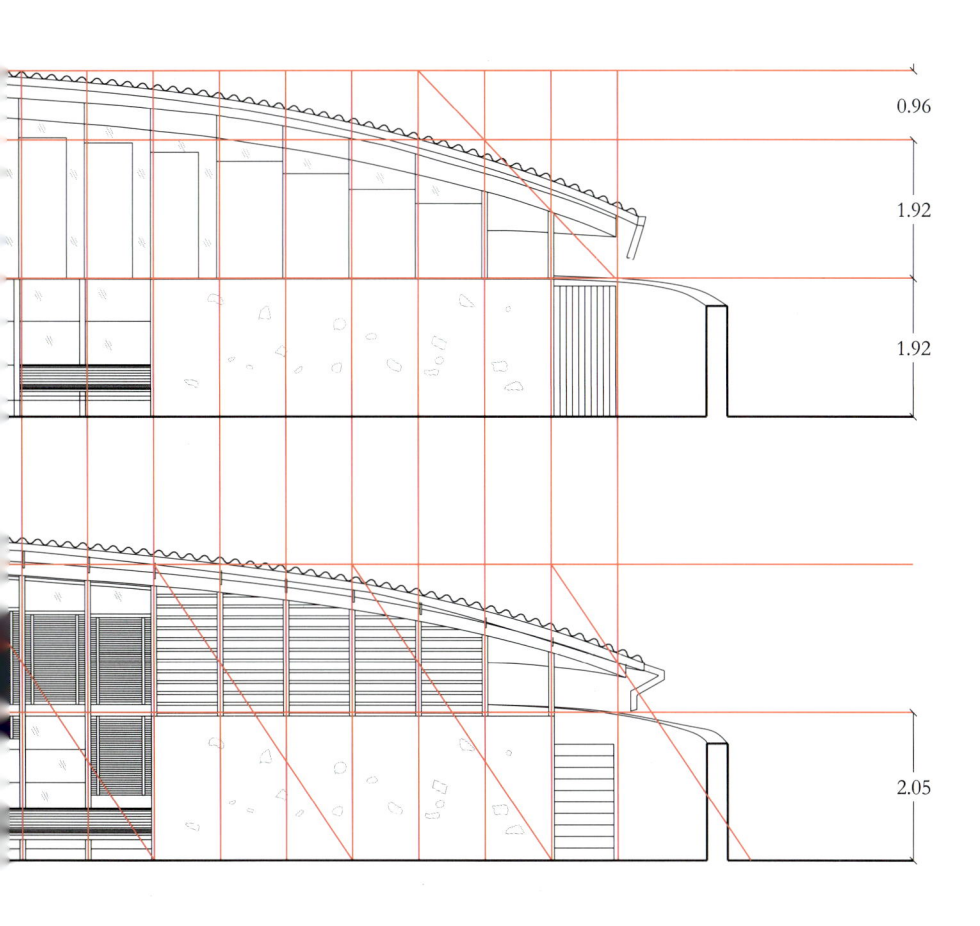

fig. 34. Lettura dei rapporti geometrici e dimensionali della terza versione della facciata principale dell'edificio.

fig. 35. Lettura dei rapporti geometrici e dimensionali della versione costruita della facciata principale dell'edificio.

49

fig. 36. Vista assonometrica dell'edificio, utlima versione.

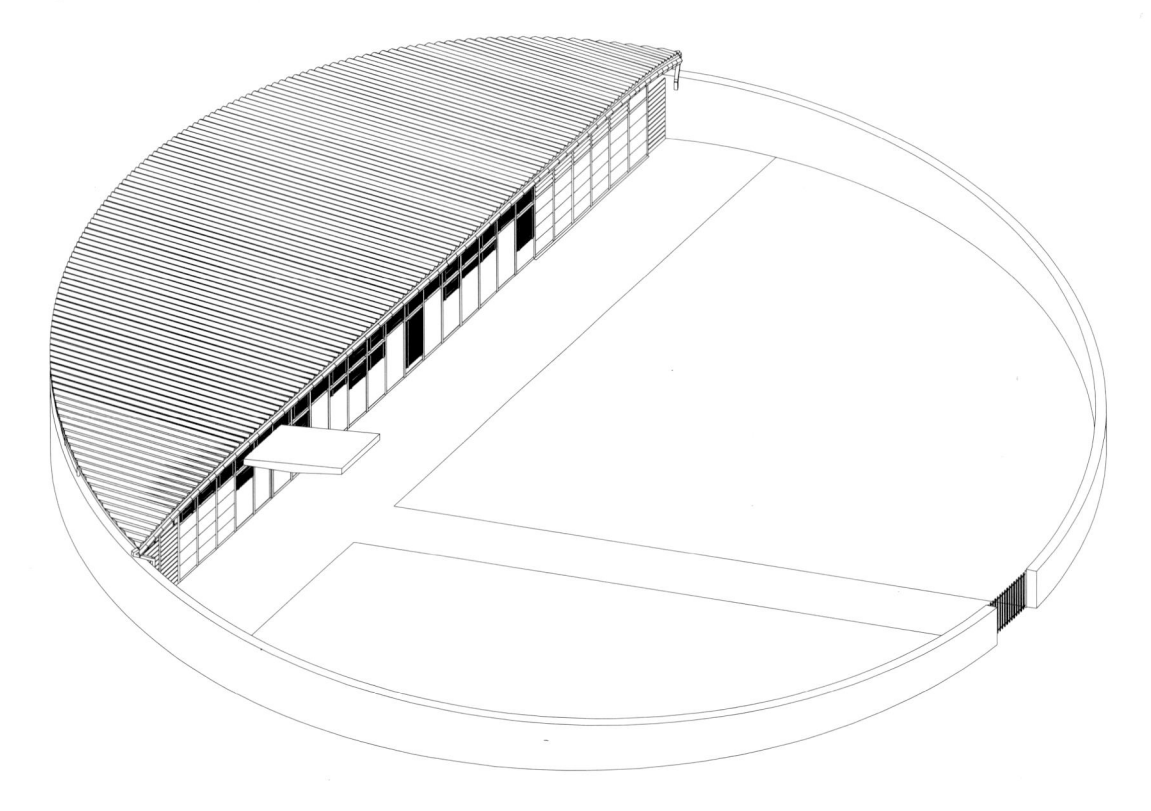

letture d'architettura: asilo a piacenza

fig. 37. Scorcio del muro perimetrale e del prospetto interno, utlima versione.

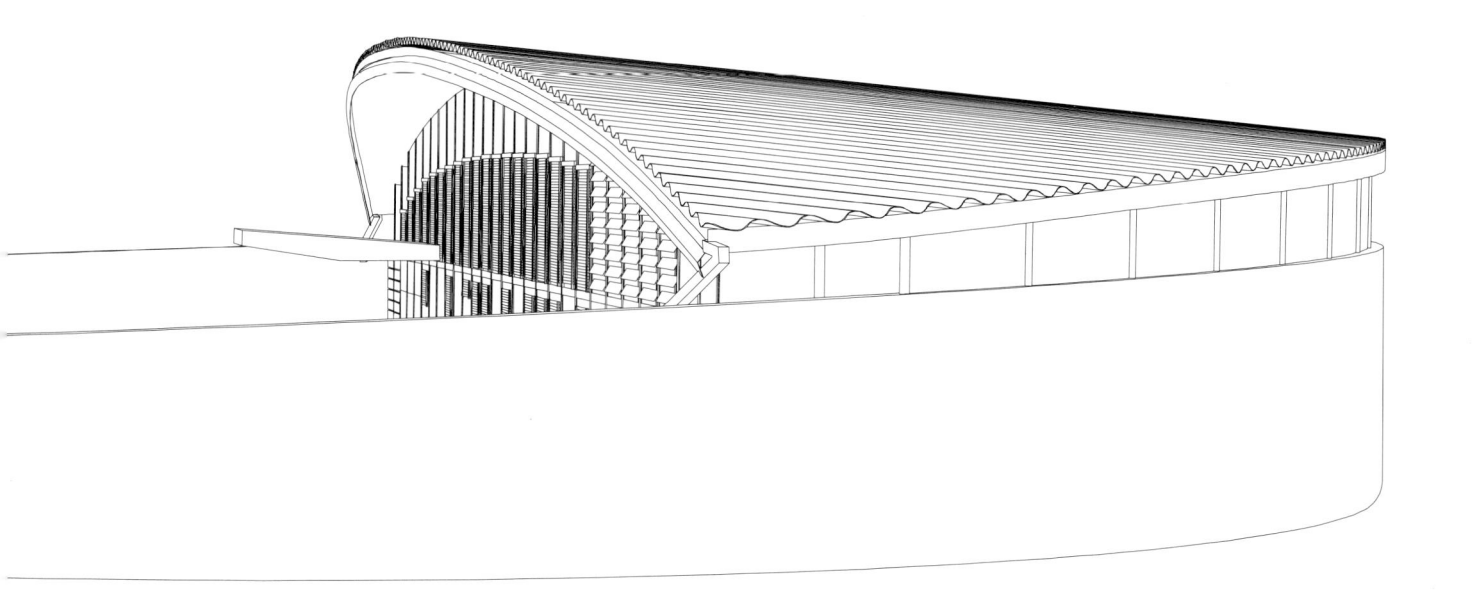

fig. 38. Ricostruzione della facciata principale dell'edificio, utlima versione.

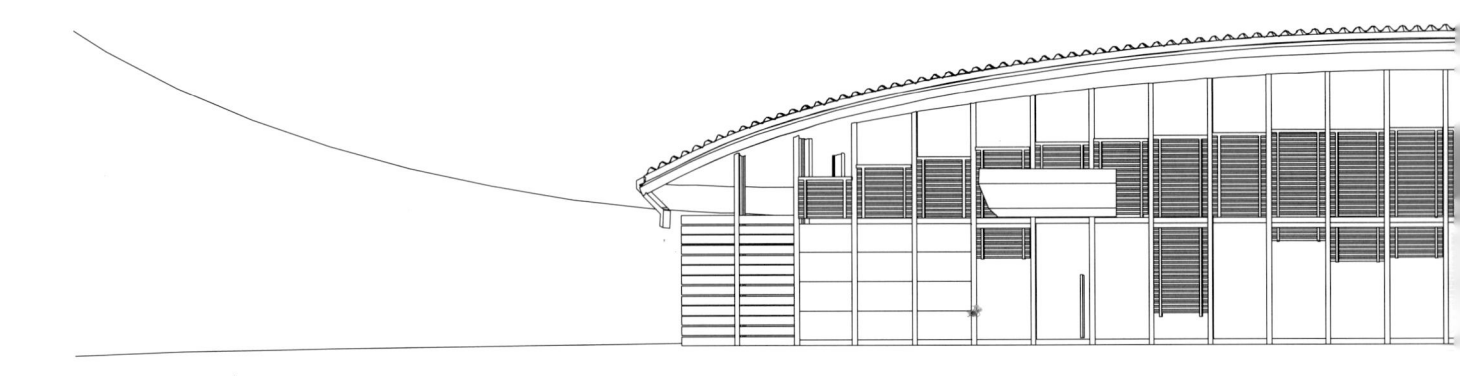

letture d'architettura: asilo a piacenza

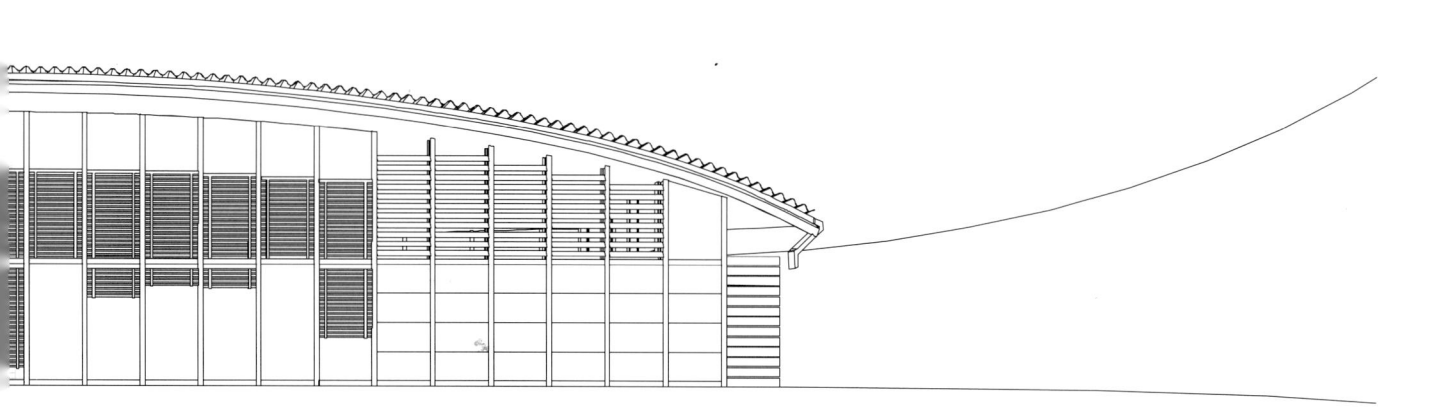

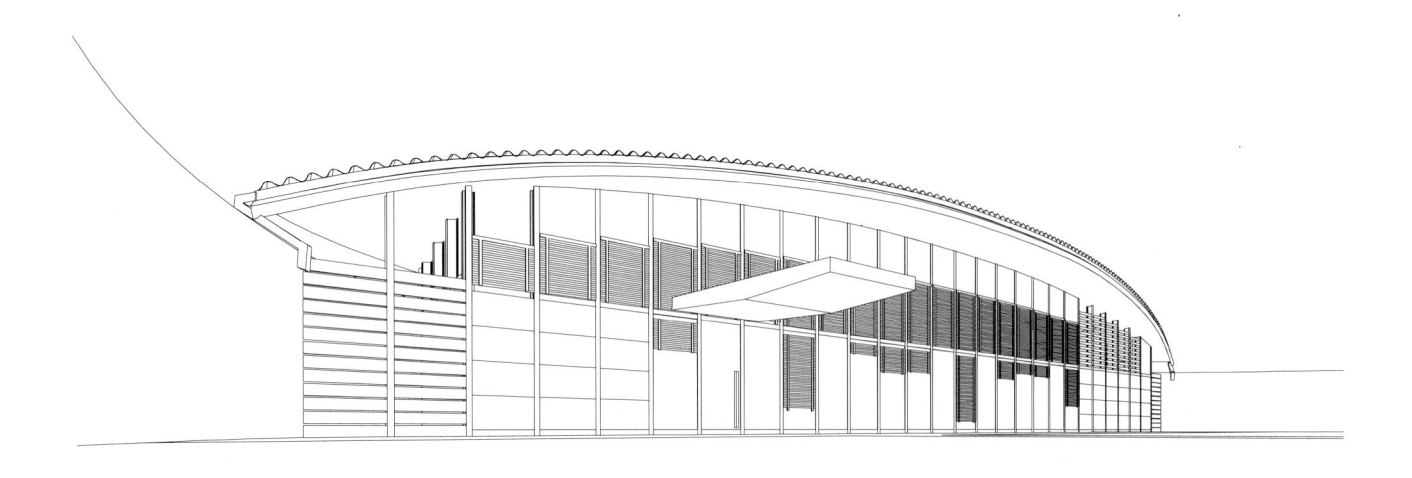

fig. 39. Ricostruzioni della facciata principale dell'edificio, ultima versione..

fig. 40. Fotografia della facciata principale dell'edificio scattata nel 2009 dopo l'ultima ristrutturazione del 2005.

L'ASILO OGGI

Come spesso avviene nelle ristrutturazioni effettuate a seguito di adeguamenti alle numerose normative vigenti, non sempre queste apportano tangibili miglioramenti all'edificio. Anche l'asilo progettato da Vaccaro non si sottrae a questa tendenza negativa.

L'intervento appare subito evidente agli occhi di chi si avvicina al cortile dell'odierna scuola materna «Carlo Collodi»: al muretto in laterizio che rappresenta il recinto dello spazio giochi all'aperto per i bambini, è stata aggiunta una inferriata che segue l'andamento del muro con altezza fissa a 2 metri, così da abbracciare il dorso dell'edificio ponendosi in aperto contrasto con la logica del disegno di Vaccaro.

fig. 41. Fotografia del prospetto laterale dell'edificio scattata nel 2009 dopo l'ultima ristrutturazione del 2005.

Operazione questa che fa pensare più a un luogo di detenzione che a un asilo. Della pensilina a sbalzo, ritenuta forse un elemento decorativo, non v'è più traccia. Le vetrate della facciata principale non si estendono più fino alla copertura, ma la parte in eccedenza viene tamponata. Non sono più presenti i frangisole, ma una specchiatura decisamente «alla moda». Probabilmente per problemi di carenza di spazio, il fronte principale ingloba anche quelle che erano sempre state zone laterali esterne. All'interno si possono riconoscere evidenti tamponature in cartongesso e controsoffitti modulari in fibra minerale che nascondono l'orditura del solaio di copertura e altre che vanno a prolungare le estensioni dei divisori in masonite, una volta montati in vetro.

Quadro cronologico degli eventi

1953
Il presidente dell'Istituto Autonomo Case Popolari della Provincia di Piacenza, Avv. Agostino Labati incarica direttamente l'Arch. Giuseppe Vaccaro di redigere il progetto relativo all'intervento Ina-Casa «Unità Galleana» a Piacenza (poi quartiere «Belvedere»).

20 aprile 1954
L'Arch. Giuseppe Vaccaro redige i disegni relativi all'asilo nido.

19 gennaio 1955
L'Arch. Giuseppe Vaccaro produce ulteriori disegni per la centrale termica sotterranea esterna annessa all'asilo.

3 settembre 1956
Lo Iacp di Piacenza istituisce la pratica n.20037 relativa al progetto esecutivo per la «costruzione di Asilo Nido a Piacenza» completo di capitolato speciale d'appalto ed elenco prezzi unitari.

16 aprile 1958
Viene esperita una gara d'appalto a licitazione privata per la costruzione «di un fabbricato a un solo piano, oltre a un locale interrato per la caldaia del riscaldameto, edificio denominato Asilo Nido, comportante una spesa totale prevista di lire 10.500.000» che va però deserta.

22 dicembre 1958
La Ditta F.lli Raffi di Piacenza presenta un'offerta per assumere l'appalto tramite trattativa privata.

27 febbraio 1959
La gestione INA-Casa accoglie la proposta della Ditta F.lli Raffi, accordandosi per una somma di lire 12.500.000.

3 agosto 1959
Firma del contratto tra l'Avv. Agostino Labati e Antonio Raffi.

19 agosto 1959
Registrazione del suddetto contratto d'appalto.

12 dicembre 1961
Il Consiglio direttivo della gestione Ina-Casa nella seduta n. 316/II, accoglie la proposta avanzata dall'Ente Gestione Servizio Sociale e delibera che venga istituito un servizio di Scuola Materna presso il centro sociale INA-Casa quartiere «Belvedere».

29 gennaio 1961
Sottoscrizione del «verbale di consegna e consistenza» relativo alla Scuola Materna presso il centro sociale INA-Casa quartiere Belvedere tra il rappresentante della Stazione Appaltante, il Geom. Marco Bisi e la Presidentessa del Centro Italiano Femminile di Piacenza, Sig.ra Teresa Minoja Prati.

12 marzo 1962
Stipula della convenzione della gestione della suddetta Scuola Materna, tra il Segratario Generale dell'Ente Gestione Servizio Sociale-Case per i lavoratori, Riccardo Catelani e la Presidentessa del C.I.F., la Sig.ra Teresa Minoja Prati.

5 ottobre 1962
Apertura della Scuola Materna per n. 50 bambini dai 3 ai 6 anni per gli abitanti del quartiere INA-Casa «Belvedere».

Fonti iconografiche

figg.1, 3
Sito istituzionale del Comune di Piacenza

figg.2, 6, 7, 8, 9, 10, 11, 13, 14, 15, 18, 19, 20, 43
Archivio Vaccaro

fig.4
Giuseppe Vaccaro

Marco Mulazzani (a cura di) Electa, Milano 2002

fig.5
Archivio Ina-Casa

figg.12, 16, 17
Archivio del Comune di Piacenza

figg.21, 23, 24, 25, 26, 27, 28, 29, 30, 31, 32, 33, 34, 35, 36, 37, 38, 39
Disegni a cura dell'autore

fig.22
Architettura Greca

R. Martin, Electa, Milano 1980

fig.40, 41, 42, 44.
Archivio fotografico dell'autore

Documentazione ufficiale presso gli archivi
del Comune di Piacenza:

Tavole di progetto
aprile 1954

Capitolato speciale di appalto
settembre 1956

Contratto di affidamento dei lavori
agosto 1959

verbale di consegna dei lavori
gennaio 1962

Convenzione gestione scuola materna
marzo 1962

Disegni originali da:
archivio Vaccaro

Un asilo a Piacenza
in "Domus" n.302/1955, p.7

Giuseppe Vaccaro
Jardin de la infancia en Piacenza
in "Revista informes de la costruccion"
n.76/1955, pp.106-110

Laura Abbagnano
Unità di abitazione a Piacenza
in "L'architettura - Cronache e storia"
n.12/1956, pp.400-408

*Quartiere Ina-Casa a Piacenza,
Unità Galleana*
in "Architettura e cantiere" n.12/1957,
pp.60-64

Recinti
in "Rassegna" n.1/1980

Davide Mazzotti
Giuseppe Vaccaro architetto
il ponte vecchio, Cesena 2000

Fonti bibliografiche

Orazio Carpenzano
Opere dal 1945 al 1960
in Umberto Cao (a cura di)
"Giuseppe Vaccaro (1896-1970)".
In "Edilizia popolare" n.243/1996.

Marco Mulazzani (a cura di)
Giuseppe Vaccaro
Electa, Milano 2002

Maristella Casciato, Gianni Greslieri
(a cura di)
Giuseppe Vaccaro - Architetture per Bologna
Compositori, Bologna 2006

Una scuola per l'infanzia in periferia
in "Abitare" n.487/2008, pp.49-59

Fabrizio Achille, Daniele Fanzini, Valeria
Poli, Cesarina Raschiani
***Popolare la città - 100 anni
di case popolari a Piacenza***
Maggioli, Rimini 2009

fig. 42. Fotografia dell'interno dell'edificio scattata nel 2009 dopo l'ultima ristrutturazione del 2005. Si riconoscono la controsoffittatura in cartongesso e l'innalzamento delle pareti delle aule fino al controsoffitto.

fig. 43. Fotografia dell'interno dell'edificio scattata dopo l'apertura avvenuta nel 1962. Si riconoscono la chiusura in vetro sopra le pareti divisorie e il soffitto intonacato da cui spuntano le travi in acciaio.

english text

CENTRIPETAL vs. CENTRIFUGAL

This book deals with a quite unknown but very dense building: a small kindergarden by Giuseppe Vaccaro in the "Galleana" neigborhood of Piacenza. A characteristic way of thinking architecture is here expressed as well as the project for the church of Mary Holy Heart in Bologna. Both of them have been planned from 1953 to 1960 in popular districts. In those years Vaccaro seems to be involved in experiments on the topic of circular form or centric space. The relation among the geometrical "mark" and tipology allow - such a scientific test – to seek and study reciprocal interferences.

In the kindergarden the "mark" is the fence, expressing centrifugal space; in the church the round "mark" is double: a dumb and inexpressive perimeter wall is the first one, and a light and luminous flat central dome is the second one. That is a centripetal space not so far from the ideal central plan church.

This work around the small kindergarden (elder than the plan for the church), is the step that lead from the chronicle to a serious investigation about its architectural composition. Here are important facts: from geometric schemes to variations in building to the difficult moment of refurbishment, that have made more damages than benefits, spoiling some important elements in the "dynamic" of the small building. Damages can be measured looking at the actual situation and the model here published. Watching the building and its site today stand out clear the intention of the architect: to build a place with as less parts as possible: a circumference, a line and a curved plan as a roof.

The misterious fence set in the park; its role is to "isolate" something as a clearing in the forest. Remembering the Laugier Cabane rustique, the kindergarden place the work of Vaccaro in the field of modern architecture.

The biggest surprise come from a paradox: seen today, the sketches and plans of this strange building seem contemporary. Their freshness make them a Koolhas or Hertzberger XXI° century drawing. But no, it is the thought of an italian architect whose research, as many of his contemporaries, after the difficult years of the fascism, has taken different and surprising directions. *Mario Ferrari*

FOREWORD

There is no doubt that the kindergarten project entered in aid of the neighbourhood INA Company "Unità Galleana" [1] in Piacenza, belongs to the architect Giuseppe Vaccaro. The numerous autographed drawings that you will find in the book are the proof both of the architect's skill in the art of his drawing, as well as the ease with which he imagines a building.

As often happens with more productive architects, we can refer to different versions of the project. The task of the writer will then be to try to reorder chronologically the submitted material (some of which undated) to mark out the most important moments of the design and construction of the kindergarten that, as a big part of the work of one of the masters of the Italian modern movement, has remained too long under silence. [2]

From the beginning the limited availability of indirect sources - only few old magazines shown the project because of the strong delay between the date of submission of the project to the City Council and the date for the start of work - did not seem to facilitate the task. But thanks to the precious help of his daughter Carolina Vaccaro and of the Local Council of Architects, it was possible to initiate this work of philological reconstruction.

Once catalogued the material, we moved through the comparative phase of the job: the planning stage led us two versions of the plan and three versions of the main facade, which have become four with the one built.

Although some drawings do not have a certain date, it hasn't been hard to reconstruct the evolution of the work. Only in one of the solutions, in fact, the height of the kindergarten results different from the others (plus 50 cm); since this version is associable directly to one of the two plans, also the verification of the plan, has been fairly easy.

In the very first project idea, the exterior curtain wall of the facilities is masonry with yellow plaster and it extends to the covering. In the one later proved to be the second version, the height of the building is reduced, as well as the height of the wall described above.

The rest of the material that was obtained from the deliveries by the Technical Bureau of the City, have made the final structural operation decisively smoother and more linear.

The only remaining question is relative to the very long time time that elapses between the date of approval of the project by the City and the beginning of the construction works - concluded in 1961 – probably because troubles with the contractors.

THE ARCHITECT

Giuseppe Vaccaro was born in Bologna on May 31, 1896. He obtained his diploma at the Royal Institute of Art in 1916, then a degree in architecture at the Royal School of Engineering in 1920, both in the capital of Emilia and with the highest grade.

After moving to Rome after the invitation of Marcello Piacentini for whom he works in the years 1922-23, he achieves to win some of the most important competitions of the time also thanks to the appreciation that the roman architect had for him: he results the winner of Balduina Square in Rome (1923) and of the War Memorial Monuments in Bologna and St. Giovanni in Persiceto (1924-25, with Piacentini in the jury) [3].

The recognition that he obtained as a result for his participation in the international competition for the Palace of the Nation's Society in Geneva (1926-

27), is of great importance. From this point on, relations between Vaccaro and Piacentini deteriorate and were never reconstructed again, also as a consequence of Vaccaro's drift in 1931 to a language definitely "modern". [4]

In the midst of all this the important projects for the Post Office of Naples (1928-29) and the first project for the new headquarters of the Faculty of Engineering of Bologna (1929).

Meanwhile, he fully reaches an independent style that will allow him, also thanks to his close relationship with Umberto Puppini,[5] to have access to important projects as the final project of the Faculty of Engineering of Bologna (1931-35) or the wonderful Agip Marine Group building in Cesenatico (1936-38).

After having unsuccessfully tried for several times to obtain an academic career as Professor of Technical Architecture (the last contest in 1938 with Piacentini in committee), he become member of juries in the major competitions reflecting the importance of the role he played in those years in the Italian architectural scene.

The pre-war period was marked by the close relationship he established with Mario De Renzi and Adalberto Libera, whom he worked with on typological studies of great interest and who represents the perfect polarity for the architect from Bologna Thanks to this friendship he can measure on the topic of housing. From this complete spiritual fusion [6] can be derived the written texts: "For Examining Method of the Housing Problem" (1943)[7] and "Functional and Distributive Accommodation Technique" (1946); from the same period are important post-war achievements in an urban context and of the reconstruction, closely related to lodging problems.

After five years spent in Bologna, in 1951 he returns back to Rome, where he plans some "Ina-Casa" neighbourhoods such housing in Piacenza (1953-55) or Ponte Mammolo in Rome (1957-62), as well as Borgo Panigale (1951-55) and major project Cep via della Barca (1957-62) in Bologna.

Even the projects for the buildings facilities connected to housing neighborhoods are of great interest: the attention goes towards the Church of the Immaculate Heart of Mary in Borgo Panigale (1955-62) and the kindergartens in Piacenza (1952-55). The latest important works are the Church of St. John Bosco in Bologna (1958-67) and the Church of St. Gregory Barbarigo in Rome, completed after his death in 1970.

THE CLIENT

The lawyer Agostino Labati, as President of "Ina-Casa" can be considered as the client. By Ina-Casa we mean that Plan of government created to make public buildings throughout the Italian territory in the immediate post-war period, with funds managed by a special organization from the National Insurance Institute (Ina Company Management).

It is with the Law of 28 February 1949, n. 43, that Parliament approved the "Draft Law to increase the workers' employment, to make simple the construction of houses for the workers" (or "Fanfani Plan", from the name of the Minister of Labor and Social Welfare, Amintore Fanfani) a seven year lasting program, later extended until 1963.

Aims of the intervention operated by Ina-Casa, besides improving construction activity, were the absorption of a considerable mass of unemployed and the construction of housing for low income families. The plan reveals [8] a great vitality and its impact, in some way, influenced economic and social life of the country. In the summer of 1949 the first of 650 construction sites activated in the autumn of the same year is open. The speed in construction the Ina-Casa settlements is really good and the avarage production is about 2,800 units per week with the delivery of approximately 550 apartments assigned to families, always per week.

In the first seven years of activity a total 334 billion liras was invested for the construction with 735,000 rooms corresponding to 147,000 dwellings. At the end of the fourteen-year term, the rooms are in total about 2.000.000, equal to 355.000 dwellings. The Ina-Casa Plan, reaches the number of 20.000 construction sites that lead to employ a lot of permanent labour. The majority of the best architects of the period - Mario Ridolfi, Michele Valori, Carlo Aymonino, Franco Albini, BPR studio, Ignazio Gardella, Saverio Muratori, Ludovico Quaroni, Mario De Renzi, Adalberto Libera, Luigi Figini and Gino Pollini - participate in projects involving a huge number of various professionals that includes planners, engineers, surveyors, in many popular neighbourhoods throughout Italy.

The Plan follows strict guidelines that are reconnected between them and make their own, at first, the so called the "neo-realism" - the architectural current trend in Italy which represents itself with the close bond between tradition and industrialization that is directed to a reinterpretation of the rationalist themes based on the consistency of materials' composition, technological choices, and architectural details; sociological and psychological interpretations for the impact made of new constructed environment, over the existing location with its historical and architectural environments.

In the second place, just to guarantee the employment return, during the various stages of realisation, it was expected the use in the cooperation work of local businesses and small entrepreneurs. The result is a real field-testing of "neorealist" theories with the creation of districts of great architectural value.

VERSIONS AND VARIATIONS OF THE PROJECT

Observing and analyzing the original drawings by Giuseppe Vaccaro for the kindergarten in Piacenza, we can find once again an example of the concept expressed by Franco Purini that "the design is a thought itself, or it's rather the fundamental form-thought of the architect, the particular place where the form appears in its purest and the most enduring essence". [9]

In the beautiful tables published for the first time in this book, seems clear, the appearance of the thought in the shape of drawings, as its one and only place of existence. It is, therefore, justifiable to say that this mystical essence that pervades the entire series of Vaccaro's drawings for the kindergarten in Piacenza, still today keeps its integral and evocative power.

Analyzing the process that led to the construction of the building, emerges the fact that it took longer than three years (1953-1956) to the completion of the building. It takes more than three years between the official date of the design work delivery to Vaccaro and the date on which the IACP of Piacenza establishes the practice No. 20037th on the executive project for the "construction of Child School in Piacenza". It will

instead have to pass five more years for the residents of the neighbourhood to see finally launched the activities in the new kindergaten.
In the first of these interludes of time, can be recognized with no doubt multiple versions on the same project: two related on development of the plan, even three of them for the main facade (excluding the constructed building). The essential variations related to the plan show a shift from one responsible for paying a certain degree of symmetry for the two classrooms - 37.5 sq m both of them - to one far from symmetric logics, where the classrooms are measuring respectively 37 and 34 sqm. In the first plan drawing it becomes clear that the entrance is slightly back from the main facade; this creates a right angle to the canopy, here trapezoidal. Regarding the main façade, after a first version in which the services are hidden by a overhanging body respect to the glazed frame entrance, in the subsequent plan hypothesis, both the bathrooms shield and the one that covers the services rooms gradually back up towards the window itself. The canopy that covers the kindergarten access rotates reaching the principal line that is formed by the connection between the outer perimeter wall and the entrance gate of the building; that also involves a considerable change of shape (from isosceles trapezoid to oblique parallelogram). Finally, in the outer area remains only one seat, and the children's play area is brought to basics, simplifying its own route. This is haw Laura Abbagano summarizes the last version of the project in 1956:

"In the end the building consists of a circular perimeter wall of increasing height that goes from the entrance to the back, and in a partial elliptical cylindrical cover, whose load bearing structure is in iron resting carpentry on supporting frame work, also made of iron.
The roof slope is consistent. The space covered and the uncovered one are separated by a glass wall opening with iron frames and fitted with Venetian blinds.
The internal partitions between the classrooms are constructed of masonite drum panels 2 meters high, in order to leave the same continuity of the cover perception.
The toilets are masked on the outside by a stone wall and inside isolated up to the ceiling with a glass wall on its high part.
The exterior space is meant and organized to be a children playground." [10]

CASES ON REFERENCES

It is to the "enclosure" practice that we can refer the compositive operation that drove Joseph Vaccaro to give the round shape to the kindergarten for the INA Company neighbourhood "Unità Gallenana" in Piacenza, in the first half of the fifties. Fence, circumscribe, delimit, not to isolate, confine the freedom of the small users not yet threatened by the city traffic of Italy that had just come out from the war, but to make sense to the idea of joy in the children socialization. What appears as a sacred ritual - to glorify and to exalt in a "liturgic" compound the happiness of learning being together - blurs in the contours of a "pagan religious" function.
It is in the typical Greek architecture that we find a reference for this building: the round plan temple. In a cultural area delimited by a series of worship columns (monoptero) - filter between the sacred area and other public space - is situated the cell - the divine place that holds the treasures and symbols of the divinity to whom it is dedicated, as well as representation of the universe. And the reference to the classical temple does not end here: in the hybridizing solution of a circular plan, with a rectangular base plan, stays the brilliance of Vaccaro's operation. In fact, on the opposite side of the entrance, in a central location

is the hub of the whole architecture. Thinking back, then, the space destined to be for education, learning and socialization of children through a subjective interpretation of the sacral type resulting from the classicism, the Bolognese architect track with a strong but ancient gesture, the primary inner enclosure surrounding the courtyard of kindergarten.

Its central part then has been cnceived through further circular limit containing two classrooms, staff room, toilets and a small kitchen. Finally, for the building cover, an elliptical cylindrical surface was used, which accentuates the idea of movement; that was also referred to the closure of circular Greek temples and was probably used as a reference for the enclosure of The Immaculate Heart of Mary Church in Bologna, during the same years. [11]

FIVE ACTIONS WITHIN ARCHITECTURE

isolate/reverse/measure/tilt/repeat

As we have read in previous pages, even though it suffered changes and transformations in its form, the kindergarten design is still able to evoke the building constructed with an ever decreasing power in its different versions. This is possible thanks to a few simple compositive actions that the same Vaccaro has summarized in a "table" useful either to the writer of this essay or to the builders of this particular structure.

These operations "within the architecture" performed with analytical precision by Vaccaro, also have the clarity and poetry of that cultural model that belongs to the masters of the modern movement, which the Bolognese architect is a part of.

To see how this was possible, we recall some primitive actions corresponding to those present in the serial drawings of Franco Purini, exposed in Milan Brera Academy entitled «Come si agisce/Dentro l'architettura» of 1993. [12]

The operations which are emphasized and shown in the following drawings are in order: "isolate", "reverse", "measure", related to the plant; "tilt", to the section and "repeat" for the main elevation.

READING THE KINDERGARTEN

The drawings below were drawn by the author in the style of the serie "letture di architettura", to graphically illustrate the composition process which led, through the different versions of the project, till the completed construction in 1961.

Through graphic comparisons, variations between the two versions of the plan and the four of the main façade are analyzed. Drawings No. 28 and No. 29 testify the little gap between the two plans, evident in the tilt and shape of the canopy, by the sizes of classrooms, by the back opening that leads to the underground power station and throughout the simplification setting of the outdoor garden.

Drawings No 32 and 33 illustrate how the main facade is affected by a height reduction, as the closing wall does in the service room.

Drawings No 34 and 35 show how the changes between the two versions regard only the different materials used for the outside walls. An examination of the geometries completes the activity of re-reading the work, as further verification of how the geometric relations are maintained. And finally, it is presented a three-dimensional model of the built version to show the geometry complex of the coverage. The paragraph's ending is a sentence of Vaccaro about formal interpretation of the building:

"The kindergarten seems to me an invention quite seductive, as it resolves in a simple geometric game, but not without a certain subtlety, an elementary idea of continuity between indoor and outdoor spaces. Compared to other constructions, it seems to me that kindergarten associates a contemporary sensibility".[13]

THE KINDERGARTEN TODAY

As often happens in refurbishments done as a result of adjustments to the many existing regulations, not always they bring tangible improvements to the building. And the kindergarten designed by Vaccaro, does not escape from this negative trend. The operation becomes immediately obvious to anyone who approaches the courtyard of today's kindergarten "Carlo Collodi": to the brick wall that represents the enclosure of the outdoor play area for children, was added a fence that follows the wall to a 2,00 meters fixed height, so as to embrace the back of the building placing itself in direct conflict with the design logic of Vaccaro. Such operation suggest more a place of "detention" than a kindergarten. Of the cantilevered canopy, thought perhaps as a decorative element, there is no more trace of. The windows of the main facade do not extend any more till the roof, but the part in excess is buffered. The *brise soleil* are no longer there, but there is a mirror decisively 'fashionable'. Probably due to problems of space lacking, the main front also includes those that had always been external side areas. Inside, you may recognize plasterboard cladding and ceiling modules in mineral fibre that hide the warping of the floor covering and others that prolong the extensions of masonite dividers, once mounted in glass.

notes

1. Since the late 50's the name of the residential settlement becomes "Belvedere".
2. Thanks to a monography from "Edilizia Popolare", directed by U. Cao in 1996, began the rediscovery of Giuseppe Vaccaro as an important figure in the panorama of Italian modern movement.
3. To understand the relationship between Vaccaro and Piacentini see: Vaccaro C. «Apparati» in Mulazzani M., Giuseppe Vaccaro, Electa, Milano 2002, p.257.
4. Ibid.
5. As Vaccaro writes. See Vaccaro C. «Apparati» in Mulazzani M., "Giuseppe Vaccaro", Electa, Milano 2002, in nota 2, p 261. Also see Casciato M., Gresleri G. "Giuseppe Vaccaro - Architetture per Bologna, Compositori", Bologna 2006.
6. G. Polin, G. Marzari (a cura di), "Adalberto Libera - Opera completa", Electa - Mart, Milano-Trento, p.174.
7. A. Libera, G. Vaccaro, «Per un metodo dell'esame del problema della casa», in «Architettura Italiana», n.5-6, maggio-giugno 1943, pp.37-45
8. See: Fabrizio Achille, Daniele Fanzini, Valeria Poli, Cesarina Raschiani "100 anni di case popolari a Piacenza", Maggioli, Rimini 2009
9. F. Purini, "One lesson on the drawing - Actions/ into the architecture". F. Cervellini, R. Partenope, "Una lezione sul disegno", Gangemi, Roma 1996, p. 33.
10. L. Abbagnano, Unità di abitazione a Piacenza,in «L'Architettura - Cronache e storia», n. 12, pp. 406, 1956.
11. There are many points of contact with his project for the Church Immaculate Heart of Maria in Bologna (1955-1962) and with the first project for the congress building in Rome by Adalberto Libera (1937).
12. After this important exhibition has been edited the book: F. Purini, Una lezione sul disegno, by F. Cervellini, R.Partenope. Gangemi, Rome, 1994. From this book have been taken all the "actions" quoted in pages 38-39.
13. L. Abbagnano, "Unità di abitazione a Piacenza",in «L'Architettura - Cronache e storia», n. 12, p. 406, 1956.

illustrations

fig.1. Finding of the residential intervention of INA COMPANY 'Galleana "in relation to the city of Piacenza, scale 1:10000.

fig.2 The model of the intervention "Ina-Casa Galleana" in Piacenza (1953). In the lower part the three buildings designed by Vaccaro: the line, the six-floor building on pillars and centred among them the circular kindergarten.

fig.3 Aerial view of the area (2007) which illustrate its close relationship between Vaccaro's draft and the buildings that are actually made. In the centre, now dominated by trees, we can glimpse the covering of the kindergarten.

fig.4 Giuseppe Vaccaro in the '60s.

fig.5 One of many Ina-Casa logos.

fig.6 View of the kindergarten after the opening (1962), in the context of the residential INA Company "Galleana" intervention, in Piacenza.

fig.7 Autograph drawing with the first version of the project (1953). The plant exposes an element of symmetry in the classrooms. The shelter has a perpendicular direction to the facade. The entrance is further back respect to the exterior wall edge from the glazed frame, while the services rooms are overhanging. The garden is built respecting a very rational geometry that also influences the furnishings.

fig.8 The first version of the autograph project drawing (1953). Cross section and side elevation. Alongside a small prospective sketch of kindergarten and next to it, Vaccaro's hypothesis for the construction costs.

fig.9 Autograph drawing of the first version of the project (1953). The kindergarten has a height greater than in the subsequent versions of the project.
The wall of the closure of the service areas is plastered brick (yellow), it extends down to cover and is provided with a square opening. Also the bathrooms arranged on the opposite side have curtain plastered brick (white colour).

fig.10 Autograph drawing with the second version of the project (1953). The kindergarten is presented at the final height of 4.2 m. The wall of the service areas closure remains in plastered brick (yellow), but does not extend itself any more to covering up, giving the importance to a protruding square element. The now rectangular opening is shifted towards the right. The bathrooms feature the same padding that was there in the previous version, but are dominated by tilted and fixed shielding elements. The entire facade is darkened by mobile brix soleil. The entrance canopy undergoes a rotation that makes it change its form. Only a bench remains.

fig.11 The final autograph drawing of the project (1954). The plan loses its symmetry in the internal division point of the classrooms. The shelter follows the walkway direction that leads outside of the enclosure. The entrance realigns itself with the facade, while the masonry wall of the bathrooms continues to be slightly projecting over in relation to the outside wall. The garden, as well as the décor, follows the curved shape of the enclosure.

fig.12 The final autograph drawing of the project (1954). Above, the view from the back side. Down below, the main prospect: it is evident that the services are conformable to the rest of the facade and that on the right side, the bathrooms curtain walls are supposed to be left in blocks of exposed brick.

fig.13 Autograph drawings of the kindergarten construction details (attached to the act n.20037 on September 9, 1956). Sections of the covering achieved by mixed steel-wood technique.

fig.14 View of the building in construction (Winter 1960-1961).

fig.16 View of the completed building construction (1961). Top of the view from which to appreciate the alignment of the entrance porch with access path and the gate.

fig.17 View of the completed building construction (1961). The kindergarten overview in the residential complex. On the background, three floors buildings with spiral pattern.

fig.18 View of the building after its opening (1962). Kindergarten overview in the residential complex. Background with the aligned building, also designed by Vaccaro.

fig.19 View of the building after its opening (1962). The connecting walkway that links the gate of entry and the cantilevered canopy on the main front.

fig.20 View of the building after its opening (1962). Detail of the main front with the huge overhang of the canopy put in evidence.

fig.21 From the top, the back side view of the kindergarten reconstruction.

fig.22 Apollo temple in Delphi, sec.IV b.C.

fig.23 The reconstructions of the project actions. Action 1: "Isolate: the action through which it is able to determinate a vacuum around an element so as to subvert its identity." p.83
The space of the kindergarten is delimited through the 15m radius circle design.

fig.24 Action 2: "Reverse: it has to do with the idea of the series, with the positive-negative notion, with the concept of margin, with the inversion line between inside and outside, with empty and full, and with continuous and discontinuous." p.88
By a string tracking at 9 m distance, on the circle diameter, you get an arch that giving substance to the concept of margin, gives life to the internal-external and to the full-empty dialectic pairs.

fig.25 Action 3: "Measuring: leads to our primary "technique", in which you can not take measure with the same thing that must be measured." p. 73.
The extent of the rope is known to be used as the application unit for specification measurement.

fig.26 Action 4: "To tilt it means the introduction of the destabilizing dynamics of diagonals into a forms system. Altering the strict projected frame of the construction lines, the divergent tilt energy overcomes the composition. The space goes forward and stops simultaneously with perceptible movement." p.65
In the section, through the act of tracing the cover tilt, one expresses the motion energy.
fig.27 Action 5: "To repeat is the starting point of any metric architecture. Its key is in the tonality repetition of an intermediate architectural motif." p. 82.
In the prospectus the repetition of the iron end glass elements, generates architectural and technological series .
fig.28-29 Dimensional reading of the first version of the building plan.
fig.30-35 Reading of the geometric relationships of the first and second version of the building plan.
fig.36-39 Three-dimensional building reconstruction.
fig.40 View of the main facade of the building, taken in 2009 after its last refurbishment in 2005.
fig.41 View of the side elevation of the building, taken in 2009 after the last refurbishment in 2005.
fig.42 Interior view taken in 2009 after the last refurbishment in 2005.
fig.43 Interior view taken in 1962.
Fig. 44. View of the building taken from the garden outside the fence in 2009 after the last refurbishment in 2005. You can see the insertion of an iron fence 2 meters high, as the size of the gateways.

fig. 44. Fotografia dell'edificio scattata dal giardino esterno al recinto nel 2009 dopo l'ultima ristrutturazione del 2005. Si intuisce l'inserimento di una recinzione in ferro alta 2 metri

69

finito di stampare nel mese di aprile 2010
presso la Ragusa Grafica Moderna, Bari